乡村旧事
田野研究札记

吴 毅 著

图书在版编目（CIP）数据

乡村旧事：田野研究札记 / 吴毅著. — 北京：商务印书馆，2024
ISBN 978-7-100-23599-0

Ⅰ.①乡… Ⅱ.①吴… Ⅲ.①农村调查－中国－文集 Ⅳ.①F32-53

中国国家版本馆CIP数据核字（2024）第067211号

权利保留，侵权必究。

本书的出版得到华中科技大学国家治理研究院的资助。

乡村旧事
——田野研究札记
吴毅 著

商 务 印 书 馆 出 版
（北京王府井大街36号 邮政编码 100710）
商 务 印 书 馆 发 行
三河市尚艺印装有限公司印刷
ISBN 978－7－100－23599－0

2024年6月第1版　　　开本 787×1092　1/32
2024年6月第1次印刷　　印张 7 3/8

定价：50.00元

自 序

本书所收录的随笔和札记多写于 2002 年至 2008 年期间，其中有的曾发表于《读书》《天涯》《开放时代》《探索与争鸣》等杂志，并曾收录于《记述村庄的政治》（湖北人民出版社，2007）一书中。此次，经过逐一修订，又对篇目进行了调整，得名《乡村旧事——田野研究札记》，算是对我过往 20 多年中从事农村调研时一些所见、所闻与所思的回顾与小结。

我于 20 世纪 90 年代前期进入农村政治与社会研究领域。那个时候，农村研究非常火，之所以如此，一个相当重要的原因是国家当时在农村全力推进村民自治。这件事在那时被知识界看得很重，视其为家庭联产承包责任制改革后农村在治理体制上的又一次重大变革。这样，政策的实践带火了村民自治研究，也连带着带动了整个农村政治与社会问题的研究。而新世纪初，农村改革在不断深化中本身也面临许多需要思考和解决的问题，如农民负担、农地征用、乡村关系、乡镇体制改革等，它们在客观上拓展了农村研究的问题领域，成就了这个时期农村研究在中国社会科学本土研究中的显要位置。因此，有学人还形容过，中国研究一时进入了一个草根的时代。

不过，这种研究的显山露水之于我这个当时刚入门槛的新人，与其说是机遇，不如说是压力。我与诸多从事农村研究的同行不同，之前没有在农村生活和工作的经历，因此，我进入农村研究领域的第一课，不是去思考当时被称作"三农"问题的诸多矛盾如何解决，而是要首先去"求知"，即熟悉农村社会的基本情况，并且在此基础上设法去弄懂那些在他人看来可能只属于生活常识的乡村之事与乡村之理。这或许是一种无奈，但这种无奈在很大程度上决定了我进入农村研究的路径，也塑造了我个人的研究特点，即通过调查来完成对研究对象的把握和理解。

这种特点贯穿了我的整个研究历程，后来就成了一种自觉，并且最终影响到我对其他问题的研究。既然自知对情况不熟，那么在了解和熟悉情况上多下功夫，做出尽可能深入与透彻的理解，就成了我给自己规定的任务。20多年这样一路走下来，这种求知和理解涉及了中国农村近百年来的发展历程，当代中国农村在经济，尤其是政治和社会诸方面的变化等领域，而我也从这一过程中感到这种历史学、社会学，尤其是人类学式的理解较之于政策研究，更加适合我个人。当然，研究都是

自　序

预先有主题的，围绕自己在某个阶段的兴趣与任务展开，但每一次田野调查都力求深入、广泛，以为主题研究提供尽可能深厚的基础。现在回过头看，《村治变迁中的权威与秩序——20世纪川东双村的表达》（2021年修订再版时更名为《双村百年：村治变迁中的权威与秩序》）和《小镇喧嚣：一个乡镇政治运作的演绎与阐释》两书，以及这一时期发表的数十篇学术论文，算是对这些主题性任务的一个交代，而这些随笔和札记，则是在完成主题任务之余，利用留下来的材料写就的一些片断性思考。

这些片断性思考主要涵盖了以下几个方面：

变革时期的乡土社会特征。2000年代初期的乡土社会处于急剧的变革期，一方面，大集体时期人民公社的管理体制早已解体，传统的村落社会结构在土地下户背景下再度复苏；另一方面，乡—村管理体制恢复后，一种反映时代特点的治理精神也在生长。然而，新的形势下，村民自治能否顺利发展，它对既有的乡土政治会产生哪些影响，村庄的公共生活在后公社时代如何展开，现代法治如何进入乡土社会，基层社会如何处理传统与现代的关系，如何再构农民与国家的关系等等，都面临许多新的问题与挑战，也给田野调查带来更多的思考。这些思考远较书斋化的理论演绎更加复杂，也更给人启迪，它们也是我一些随笔和札记的灵感来源。

基层治理。这是我重点关注的问题。形构这一时期乡村治理的背景主要有二：一是 20 世纪 80 年代以来的改革对乡镇基层政权运作特性的重塑，使其从一级公权力执行载体变成为一个有着对特殊地方利益追求的、介于政府和企业家之间的权力—经济复合体，其运作表现出强烈的经济性；二是改革开放以来随着土地下户和人民公社解体所带来的官民关系变化。基层政权、村级组织与辖区农民的关系由过去全面的人身与资源掌控转变为有限的资源引导，农民获得了相当程度的经济自由，除了交粮纳税，与权力的关系减弱。因此，国家与农民的关系虽然从结构上看是"官管民"，但是在具体的治理互动中却常常出现"官求民"的情景，基层政权一方面仍然保有对农民的权威势能，另一方面其渗透和整合乡村社会的能力却大大降低。农民之于政府是"有产有业不求你，交了税费不欠你，想啥做啥不理你，有了问题便找你，出了问题更骂你"，从而使明面上的"强国家—弱社会"关系在具体的运行中却可能呈现出从"强政—弱民"到"弱政—弱民""弱政—'刁民'"，以及"强政—'刁民'"（经验分析而非价值评价）等更为复杂情态的交织。这显然是基层政权和村级组织所面临的新问题，如何应对和解决这些问题，考验着基层治理。而对这些问题的观察与解释，则在很长一段时期内吸引了我的注意力。可以说，书中的

自　序

一些随笔和札记也反映了我在这方面的思考。

农民的生存政治。作为乡村治理的重要方面，进入 21 世纪初期的农民生存状态，尤其是政治生存状态是我关注的又一个重要问题。我的田野观察多聚焦于农民（包括村干部）在底层政治中的角色与行为，我对他们在官民互动与利益博弈中的行动策略非常感兴趣，我觉得这是分析真实的农民与国家关系的一个非常好的切口。而几次长时间的田野工作，也使我有机会对这种互动做一种在场的体验。这种体验让我感受到，改革开放以来党和政府的农村政策让农民受益，广大农民拥护党和国家的大政方针。但是，这并不等于说农民在与具体的基层政府、村级组织的互动中会无条件地认同其任何施政。毕竟，农民作为独立利益主体的地位已经彰显，在资源有限的情况下，农民与基层政权和村级组织也存在着利益配置的此消彼长。因此，在乡村治理中，理解农民与乡村组织的博弈，理解他们所采取的博弈策略，成为我理解乡村治理的一个重要面向。应该说，这方面的观察特别容易让人产生写作冲动，因为这些真实的乡土政治剧会给人以很大的冲击，让人不能不去反思相关理论讨论的苍白与缺失。

乡土社会的新特性、基层治理与农民的生存状态，三者相互联系，构成了新世纪之初乡村治理一个相对完整的闭环。这其中，一是作为政者与商者身份交叠的基层政府；一是介于乡镇政府与农民之间,既想实现村庄发展,又想实现对村民乃至自身利益保护的村组织;一是权利仍然需要完善,却获得了经济自由的农民。三者的碰撞所演绎出来的乡土政治剧之复杂与精彩,是那些很少做田野的人难以体会的,而随笔和札记特别有利于及时捕捉与记录这类感受。当然,我在写作中会提醒自己要与价值道义至上的评判适当地保持距离,要尽可能从行动者的主位视角去进行理解。我所关心的是何以如此,为何如此,以及它们对乡村治理的实然影响。

在田野调查的过程中,我还写有一些对调查方法、理论表达、农村研究现状与走向的小文章,写过书评。我从其中挑选出一些,将它们算作研究杂感放入书中。

相对于学术著作和论文,随笔和札记是小作品,多没有文献引证,材料举例与观点陈述也不需要穿靴戴帽,反复铺陈,好处是可以直面问题,直抒胸臆,专门针对某个主题进行讨论。东西小,意境未必小,没有真想法,也很难写得出来。因此,我也就这样一面撰写著作和论文,一面也写一些思想性的随笔札记,算是多了一种表达的方式。我觉得,这种方式相对于前两者,有其不可替代的独特生命力。

回顾历史,世纪之交这十年是乡村社会中各种问题与矛盾相互交织,甚至爆发的时期。对于这些问题与矛盾,国家一贯重视，全力以赴去解决。但是，对于中国这样一个地域广大与人口极多的超大国家，治理层级多，诸多矛盾的产生非一时一源之因，其解决也非一时之效。好在经过持续不断地努力，当年我看到的那些问题，比如农民负担、农地征用补偿过低等，今天都已经得到了解决或有改进。近十年来，国家不断出台兴农、利农政策，向农村输入资源；持续数年的脱贫攻坚战略更是让农村的经济社会面貌发生了巨大变化，乡村社会的治理效能也有了很大的提升。较之于这些变化，再来看这些新世纪以后十年的所记所思，也的确可以用"旧事"来定位了。

当然，农村的经济与社会发展，乡村振兴，仍然是一个需要持续努力的过程。旧的矛盾解决了，新的矛盾还会产生，尤其是治理模式的延续性意味着一些老问题仍然可能以新的形式再产生。对这些问题的解决涉及更加复杂的体制与机制改革，并非一时的经济社会发展可以消除。在这个意义上，本书所收录的一些文章，除了可以留下历史的记忆，或许还可以继续为当下的乡村治理提供某种镜鉴。

感谢为出版此书付出努力的各位老师，感谢杜海泓编审所做的前期工作，感谢责编李强先生的辛勤付出。

2023 年 1 月 18 日于武昌喻家山

目 录

转型世像

亲缘网络 3

村落的公共空间 9

法的正义抑或情的入理

——从一起农妇自杀事件的处理看法治在乡村社会所遭遇的尴尬 14

"无政治"的村庄 22

最后的征收 28

怎一个"撤"字了得?

——新农村建设背景下的乡镇改革定位 40

治理素描

"双重角色""经纪模式"与"守夜人"和"撞钟者" 49

乡村旧事

不同语境下的乡村关系　*59*
也谈乡村社会的政权建设　*70*
农地征用中基层政府的角色　*83*
局促的改革空间
　　——一个学者眼中的乡镇机构改革　*94*
从群体性事件看基层社会的官民关系　*106*

底层游戏

催收与拖欠　*117*
农民"种房"与弱者的"反制"　*123*
"诱民致富"与"政府致负"　*134*
乡村的权力承包　*145*
上访的建构与消解
　　——对一起官民纠纷的记述与思考　*153*
迎检的游戏
　　——乡镇调查手记　*165*

研究杂感

农村政治研究：缘自何方，前路何在　*179*

此集体非彼集体
    ——读项继权著《集体经济背景下的乡村治理》 *190*
感受经验
    ——田野研究方法散思 *196*
何以个案?
    ——农村研究方法杂谈 *206*
何以叙述?
    ——研究方法杂谈 *214*

转型世像

亲缘网络

费孝通先生曾经认为，中国的乡土社会是一个熟人社会。依我的理解，这个熟人社会的特性，一是近，二是亲。所谓近，即圈子封闭，活动范围狭小，形成一个面对面的人际交往结构；所谓亲，即村落中人多为各种亲缘关系所网络，形成一种普遍化的亲缘秩序。这种亲缘秩序不仅塑造出中国乡土社会的宗族文化，就是在当下一些已经缺失了宗族记忆的村庄，也发挥着它所特有的整合秩序与配置资源的功能。川北王村就是这样一个村落。

王村的亲缘网络源于它的历史。作为一个移民村，王村的生成可以追溯到明末清初那场被称作"湖广填四川"的移民运动。在四川，这样的村子不在少数，以至于在追溯村史时，都可以发现它们多是由一两个共同家庭发脉和繁衍而来，因此，此类村子在姓氏构成上总是以单姓和少数大姓为主。

王村的亲缘结构对于熟悉中国乡村社会的人来说并无新鲜之处，尤其是当近年来宗族问题几成农村研究中的显学之后，王村作为一个案例在学术研究中就不再是具有特殊意义的"白乌鸦"。然而，问题也许往往就存在于这种普遍性之间，当笔者怀着一种先入为主的宗族关切走进这个家族化村落时，却发现在村里既看不到人们在华南农村所津津乐道的家庙再造与族谱续修，也看不到各种敬神祭祖的宗族科仪。20世纪50年代至70年代所发生的一系列改造与运动使王村发生了改变，宗族无论作为一种制度仪式还是精神信仰，都已经淡出了村庄。

然而，我在王村的发现在于，缺失了宗族记忆的村庄仍然无法回避无所不在的亲缘关系，家族化村庄的客观实在性和社区互动对亲缘网络的普遍关联，使得亲缘在客观上仍然具有构建秩序的功能。它的意义虽然不可能像旧时的宗族那样明显，也无法与现时的行政化秩序相提并论，但由于现今农村已无其他可以利用的内生性社会组织，所以，亲缘网络作为唯一存在的社区联结链条，其整合与规范村落人际关系结构的作用反倒得以突出。

首先，它给村落内部的交往和互动注入了亲情。在王村，只要能攀扯上一定的亲戚关系，无论亲疏，人们相互之间总是以彼此在亲缘结构中的身份相称，一般不会直呼其名。这种亲情称谓的无所不在，无疑使村落社会浸润在亲情氛围之中，身处这种氛围之中，人们即使是在纯粹的事本主义交往中也不能不注意到以情为先，为情所忌。因此，我们无疑可以认为王村的社会秩序首先是建构在亲情场域中，其次才是建构在行政场域中的。亲情作为王村人须臾无法离开的现实，起着黏合与加密社区关系的作用。

其次，亲情关联是编织村落人际交往结构的重要因素。王村是山村，地势崎岖，环境封闭，自然地理环境制约着村人活动的范围，于是，在人际交往上便呈现出交往频率与社区成员居住地相隔距离之间的某种正相关关系。与一些平原地区不同，受地理条件的限制，王村自然聚居群落的生成和扩张多承袭着子家庭环绕父家庭在地理上向四周扩散的逻辑，大体形成若干个从父家庭到子家庭的同心圆结构，因此，这种交往频率与居住地之间的正相关关系在很大程度上就是亲缘关系的亲疏在村落空间分布上的体现。长此以往，亲缘关联不仅成为塑造人际交往结构的社会因素，而且也积淀为影响人际交往结构的自然因素，发挥着秩序化村庄结构的影响。亲情的无所不在意味着社区的互助和救济多发生在亲戚之间，且首先是近亲之间，所谓守望相助，邻里相携，在村里大都是亲缘互助，而且首先是近亲互助在地理上的表现。所以，无论是经济上的合作、劳作中的互助，还是外出务工经商，我所见到的都是近亲相帮，手足同行。

亲缘秩序的普遍化不免会使一些不能为这一秩序所结构的外姓和小姓人家感到作为村落社区边缘者的孤立与无助，同时，亲缘的普遍化也使一些同姓，且私交甚好的家庭产生进一步调配亲缘资源的想法，于是，或者作为一种在村落中立住根脚的应对之策，或者作为对现存亲缘资源的进一步优化，"打干亲"的做法就比以往更加流行。

打干亲是村落社会成员将非亲属关系"亲缘化"的一种形式。在王村，打干亲就是给自己的孩子找干爹干妈。在过去，除了前述原因，打干亲还带有显著的民间信仰色彩，即多是将自家不好带、体弱多病的孩子拜寄给他人，做干儿子或干女儿，以求平安健康。现在，这些因素仍旧存在，但各种基于经济和政治的理性考虑已经明显地影响了这一习俗。笔者注意到，村干部和一些有声望者在村落中有着比一般人家更为宽泛的干亲关系。干亲关系的缔结，将经由族亲和姻亲所联结的亲缘网络进一步扩大、叠加和覆盖于整个村落。

无论是基于族亲和姻亲的亲缘网络，还是打干亲对这一秩序的泛化，本都属于传统村落文化的重要构成，然而，在历经了20世纪的荡涤之后，它却又焕发出活力，实在是一件值得思考的事情。笔者以为，分析中国村落社会结构的特性对于理解这一现象也许会有所帮助。人们一直认为，中国传统农业社会的特点是"一小二私",原子化是其基本的构成形态。殊不知这仅仅是从经济的角度,而非从经济、政治和社会的综合角度考察问题的结果,若联系到传统中国的乡土社会结构方式,我们便会注意到,由于传统种植农业所孕育出的安土重迁的生态文化,在经济上"一小二私"的农民自来又是生活在家族化的亲缘共同体中的,这种共同体虽然不可能形成与国家这一"大共同体"的抗衡,但作为一种地方生活结构,它还是在组织村庄秩序、形成文化认同、实施社会互助与救济等多个方面发挥着重要作用。

问题在于,当社会革命冲决了传统的堤岸,人民公社的解体又消解了村落社区成员之间集体化的经济联结以后,面对着汹涌而至的市场经济大潮,个体化的农民是否要在历史上真正第一次面临着从经济到社会结构方面的完全独立呢?这的确是一个难题。农民是理性和睿智的,他们必然要因时而动地寻求和再造能够适应社会变迁需要,并且能够满足社区成员交流与互动需要的组织资源。在这个时候,村落中所能提供,而村民又能够把握得了的就是那无所不在的亲缘链条。亲缘关系是不会消失的,土地下户使农民在经济上重新成为散落的马铃薯,但若从亲缘联结的角度看,他们又仍然生活在一个群体性社会中,在这个群体性社会中,连接个体小农的不再是强制性的经济组合，而是割不断的亲情。因此，当农户面对着来自经济和社会方面的互助需求时，他们一般都能够从这种亲缘资源中得到某种回应。尽管实际场域中市场经济对亲缘关联的影响绝不会如此简单，例如也存在着人际关系理性化等因素对亲缘关联的淡化等反向趋势，但作为一种村落社会的应对之策，其作用仍然是显在的。

进一步的问题是，存在宗族记忆与缺失宗族记忆的村庄之间，亲缘网络作为一种社区秩序化的因素，其功能究竟有何差别？在这方面，王村给我们提供了一个案例。在王村，亲缘主要是作为一种社区互助的民间资源被利用的，它并未被升华到可以进一步积淀出一种再造制度文本需要的精神信仰和文化追求，更未发展出能够明显地影响村庄公共生活的能力。而在宗族复苏的村庄，亲缘作为一种文化力量，而且同时作为一种群体性社会力量被整合与动员，并介入公共领域，恰恰是其最为显著的特征。这种差别也许能够为人们判别宗族和亲缘在作为一种秩序化因素的不同功效方面提供一种参考。

写于 2002 年 1 月

村落的公共空间

村庄是一个社会有机体，在这个有机体内部存在着各种形式的社会关联，也存在着人际交往的结构方式，当这些社会关联和结构方式具有某种公共性，并以特定空间形式相对固定的时候，它就构成了一个社会学意义上的村落公共空间。

村落公共空间的形式多样，例如，由居住群落的聚合性而自然形成的院坝，因其有利于居住者的心理认同和信息共享，构成了村落社会最初级的公共空间；围绕着祖宗祭祀所形成的家庙与宗祠，由于发挥着构建亲缘与伦理性秩序的功能，成为传统村落社会最典型的制度化空间；而人民公社时期由各种政治与社会聚会所型构的政治性社区，更是20世纪50年代至70年代中国村落社会公共空间的最显著特征，只不过它的基本功能不仅在于形塑村落文化，形成社区意识和分享社区信息，而且是要同时实现国家"大文化"对村落社区地方性知识的改变与重塑，因此，这种公共空间并不只是属于村落的。

然而，当笔者在20世纪90年代下半叶深入四川刘村进行田野工作时，却发现如今纯农业村落公共空间的结构方式又发生了很大的变化，一方面，宗族文化作为一种社区的记忆已经悄然淡出了村庄；另一方面，各种经由集体经济和政治全能性治理所打造的经济关联与政治性社区也随着土地下户而消解，作为一种替代性现象出现的，则是以各种人情往来为基础，以村落内部的红白喜事为载体的非正式的公共空间形式的凸现。

红白喜事作为村落公共空间的表达方式从来就有，即使是在破"四旧"最为彻底的"文革"时期也以某种形式和规模存在。但是，现今刘村红白喜事的规模却越来越大，谁家有喜，谁家举丧，事主不需要发出邀请，凡知道消息的人家大都会自觉地派代表参加。村落社会的信息传递靠的是口传，但像这一类的信息却几乎不会漏传，结果，便形成了"一家有喜，全村送礼，一家死人，全村举丧"的场面。我在村里的日子，曾亲历过几次丧事，每逢此时，无论农事忙闲，全村各户人家皆会往而聚之。丧事的规模之大，人气之旺，气氛之隆重，甚至超过了一些全村性的行政性聚会。

公共空间是村落中人进行精神交流的共同场域，这种精神交流在大集体解体，村庄分解为原子化状态，稀缺的行政性集会又日益与村民的利益需求脱节的情况下，更是需要寻求一种表达的场所。红白喜事恰巧提供了这样一种机会，于是，红白喜事的社会功能便由单纯的庆贺和哀悼扩大为包括这两者在内的社区成员的非正式聚会,这种非正式聚会为村落成员的见面、沟通和交流提供了场合,它部分地填补了村落公共空间的空缺,满足了村落公共性精神互动的需要。

除了精神性需求之外,红白喜事作为村落公共空间的载体还有更为现实的基础,那就是人情的互助与往来。人情的互助与往来外化为一种仪式,特指在上述集体性互动中向事主赠送礼金,通过礼金的赠送,一来"再生产"社区的感情,二来也为事主筹措办事所必需的经费。因此,如今礼金的流动已经成为村内人情沟通与经济互助的物质表征。很大程度上,正是由于这种情感和经济互助方面的现实需求,支撑着以红白喜事为载体的村落公共空间的存续。

红白喜事作为村落性公共空间虽非正式,但却存在着比正式化的行政聚会更为强烈的情景支持。同为村落中人,低头不见抬头见,谁能肯定不求谁?谁又能公然不给对方面子?所以,无论是参加红白喜事,还是借红白喜事对事主进行经济支持,对亲朋故旧表示友谊,都是非得进行不可的事情。村民们说:"平日里结怨的,正可借此机会修好。"至于人情往来对家庭经济负担的加重,村民们也有着自己的特殊理解:"仅从一次性的人情往来看,我可能是支出,但从长远看,却是可以得到回报的。""这就叫作亲帮亲,邻帮邻,一家有事,大家支持,一家花钱,共同筹措。"如果有谁不这样做,作为村落中人,那他大概是有些问题的了。俗话说唾沫星子淹死人,在这一点上,民间的非正式规范远比由国家输入的"村规民约"有效,且无须制度化的监督,村落情景和民间舆论本身就是无形的压力。因此,红白喜事作为公共空间的运行,在一些情景中,甚至远比诸如村民代表会议等制度化空间形式还有效。

改革开放之初,一些批评者将这种并不局限于刘村的现象视为封建迷信和陈规陋习的死灰复燃,且以为随着现代化变迁的深入,这些东西会渐趋消亡,如今,面对着日益勃兴的传统,泛意识形态的解释看来是不大得力了,对于村落社会公共空间形式变化的思考,也开始立足于村落社会本身的角度。于是,笔者注意到,以非正式的制度结构去重新编织与串联日益松弛的村庄关联链条,看来是缺失了集体化的机械联结,但又有着社区互助与合作需求的村民以红白喜事这样一种传统方式去型构村落公共空间的基本动力。这种形式在表象上虽然十分的老旧,却内蕴着强烈的时代性社会需求。

事物的发展并无不可理解之处,具有公共交往和民间互助需求的村民在缺少其他外源性制度创新支持的情况下,只能在他们所熟悉的历史与文化资源中寻求对于现实生活的意义满足。因此，以红白喜事作为满足村民公共交往需求的一种方式，也并不一定就会构成妨碍村落变迁的文化障碍。问题只是在于，这一传统的复兴、再造与泛化，对于纵贯整个20世纪，而且仍然将在新世纪发挥作用的村庄"规划性变迁"，究竟意味着什么？它是一种现代的断裂，还是一种更为符合历史变迁逻辑的传统与现代的重组？

写于 2002 年 4 月

法的正义抑或情的入理

——从一起农妇自杀事件的处理看法治在乡村社会所遭遇的尴尬

我不是从事法律问题研究的，但是，随着法治作为一种新的治理技术和意识形态的普及，其与乡村治理之间的正向关系也大体知晓，并且颇为认同。乡村普法的难度我当然知道，却总以为有法比无法好、法多比法少好是现代社会，或者说是正在走向现代社会的一个普适性真理，直到最近在乡村调查中亲历了一桩农妇自杀事件的处理，才感觉事情也并不总是这么简单，苏力先生说过的送法下乡的尴尬，倒也真就让我撞上了一回。

事情并不复杂，按一位乡镇干部的话来说，这样的事情在乡下一年总也有好几起，"贫贱生怨"嘛。某村有李、刘两夫妇，均已进入中年，丈夫李姓，自来性情火爆，在家里动辄对妻子刘氏拳脚相加，按照新颁布的《婚姻法》，这是可以被认定为家庭暴力的行为，但夫妻二人的纠纷，受害的一方不诉，旁人也不好过问，所谓"民不告，官不究"。所以，一直以来亲戚邻里虽有看法乃至义愤，但始终不好介入，这可能就最终埋下了这起祸端的根子。前两天，夫妻俩又为一起小事发生口角。据说，李又对妻子饱以老拳，刘自觉活着没啥意思，一时间想不开，便喝了农药。等旁人发现事情不对时，药性已经发作，人还未被送到医院就不行了。正是这样一起在乡间并非不寻常的事件，处理之时却让方方面面都陷入了究竟是"依法"还是"就情"的两难选择之中。

李在家里一贯称王称霸，这是同一个村湾的亲戚邻里共同指认的，而刘氏死后经法医鉴定，也证明其面部和腿上都有伤痕。但是，这起事件是否一定要按照家庭暴力案件来定性，并提起刑事诉讼呢？这首先就让参与调查处理的乡政府和派出所干部犯了难，如果依法处理，他们便不能回避一个无法解决的难题，刘留下的两个儿子怎么办？这两个孩子，一个上高中，一个上初中，刘生前以卖水果为生，李则以自己的木匠手艺，在外打些短工，应该说，夫妇虽有不合，但两个人共同支撑家庭经济，日子尚可以混着过。时下妻子一死，经济支柱顷刻之间垮了一半，顿时就陷入困窘之中，如果此时再依法律的精神，将丈夫送上法庭，那对于这一家人来说，可能不仅不是在实施救助，反而是雪上加霜，客观上将一个人的死亡放大成为一个家庭的倾覆,这可绝对不是基层政府所愿意看到的结局。李性情不好,但两口子这么多年也过来了,也未见亲戚邻里在事发之后提及夫妇二人存在什么感情方面的问题,可见,这次突发事件的确是如"性格决定命运"这句话所言中的那种家庭的悲剧。这事儿本来就已经够惨了,难道说地方的父母官们还要以社会公正的名义,用法律的利器将这个摇摇欲坠的家庭彻底摧垮?这真是一个难以做出的决定!思考再三,摆在乡政府和派出所有关领导面前的唯一选择,似乎就只能是化公为私、避重就轻和大事化小。结果,不论是不是经过了他们的点拨,反正刘氏死亡之后,遗体当天就被直接从医院送到了殡仪馆,刘氏的母亲及姐妹虽然再三要求将遗体运回家停放几天,以供娘家人瞻仰悼念,但干部们均以国家政策不允为由,委婉拒绝。其实,政府干部的考虑很老到,如果遗体运回家,闹丧期间,刘家人不服,就难免再生事端,这可是这些负有守土之责、确保一方平安的地方官员最不愿意看到的事。所以,死者亲属所提出的验尸要求虽不能回绝,甚至还要主动询问,但在有关方面的关照之下,有的事情也就能"糊涂"就"糊涂"了,例如将死者面部的伤痕说成是生前为毒虫所咬,又将腿上的伤痕指为遗体运上车时不小心碰撞所致。反正死人也无法开口说话,怎么事儿小就怎么来说。官方的这种态度,并非一定就是得了别人的好处，非要徇情枉法，实则是希望这一件介于刑事民事诉讼之间的人命官司能够回避法律，由刑事案件转入民事纠纷。

其实，有此想法的还不仅仅是乡政府和派出所，村里的态度也是如此，"就活人不就死人"（这里的"就"即"顾及"的意思）是他们在处理此事上所持的基本立场。死者就是再冤也死了，活着的人却还要活下去；若依法处理其夫，的确可以维护死者的权利，但两个孩子怎么办？会不会从此命运跌落，成为无人照看的街角弃子？如果是那样，欲伸张正义的法律却反而成了导致新社会悲剧的帮凶？村干部们对时下乡村的这一类事情见得太多，他们不愿意，也不忍这样去做。是非曲直是一回事儿，他们心里也自然清楚，但如何断案却是另一回事儿，乡村熟人社会的行为理性与伦理精神都告诉他们，此时最需要救助的也许并非死者的权利，而是活人的需求。所以，在由政府干部参加、村里主持的民事调解会上，"不讲法律"，"只讲调解"，变刑事起诉为民事调解，就成了他们处理此事时毋庸商量的不二法则。

政府和村里的态度在很大程度上动摇了刘家的立场，或者说就是没有这种来自于上面的影响，他们自己也面临着更大程度上的"情"与"法"的两难折磨与选择。老母痛失女儿，白发人送黑发人，姐妹痛失手足，会不悲愤？所以，事发之初，他们难咽苦果，欲将李送上法庭，为亲人张目。为此，刘家人咨询了司法机关，也走访了地方妇联，得到的均是认可和鼓励。但是，当他们从万分悲怆之中回到现实里来的时候，却又实实在在地犯难了，莫非还真的就要去选择法律？这样做究竟是对还是错？是在拯救死者，还是在继续"加害"生者？是解决了矛盾，还是进一步加深悲剧？这可真是一笔清楚了又糊涂，糊涂了又清楚，却怎么算也算不明白的账！血缘始终是血缘，亲戚终归是亲戚啊！刘氏所留下的两个孩子不仅是李家的骨肉，同样也是刘家的后代，难道父亲的不理性让孩子痛失母亲，自己这些做舅舅、姨妈的却要理性地使孩子再失去父亲？思前想后，踌躇再三，最后，他们只能是忍不忍之忍，在保留对李进行刑事诉讼权利的前提下，接受了干部们的安排，转而选择通过民事调解，化公为私和大事化小。他们要求李必须逐一登娘家亲戚及邻里的门，以示谢罪，在此基础上，再来相商如何赡养老母、安葬亡妻之事。结果，这起人命纠纷，渐致从李、刘两家的不共戴天和法庭相向，转而走向了"就活人不就死人"的调解之路。

从这起纠纷的处理经过来看，的确没有半点儿体现现代法治精神的地方，相反，反倒恰恰是调解会上那一再冒出来的

"不讲法律，只讲调解"的"情"的伦理（亲情、乡情、人情，其中最重要和起决定作用的是亲情），以及千方百计对法律的规避，成为左右和决定事件转折的关键性因素。在整个事件的处理中，这一关键性因素不仅体现在基层政权要保一方稳定，化"刑"为"民"的策略考虑和治理技术的实施之中，也不仅体现在村庄民调干部"就活人不就死人"的悖法入情的调解立场上，同时还更为根本地体现在刘家亲人"法""情"抉择的两难之中。在这一痛苦却又无法躲避的两难抉择中，刘家亲人最终没有拿起为亡人伸张权利的法律武器，而是以李家向刘家低头"谢罪"的传统方式，让受害群体找回他们自己在乡村熟人社会之中的尊严和体面，并使李本人饱尝深深的内疚和负罪之痛。其实，谁都知道，在此次事件中，李本人及他的两个孩子才是最大的受害者，只不过李既是加害者，又是自作自受。于是，由村干部安排李向其岳母下跪，向娘家人赔罪，就成为整个事件由法入情的转折所必须具备的台阶，也最终成为刘家人能够重新接受李，并同意私了的仪式前奏。经过这一系列具有某些传统家族色彩的仪式之后，刘家人最终接受了为着生者的继续生存而"就活人不就死人"的处置办法，为着李刘两家共同骨肉的考虑而放过了李。就这样，一桩由农妇意外自杀而引发的突发性社会事件，就在乡政府和派出所的全力支持，村干部的精心安排与受害者家属由不自愿到"自愿"（尽管是无可奈何的选择）的"配合"之下，最终通过民间调解的方式解决了，这种"配合"的确有可能会按照当事者各方的愿望，力挽一个即将倾覆的家庭于不倒，但它却也让我这个乡村调查者完整地看到一出由基层政府、村庄和受害者家属三方共同"合谋"上演的违背现代法治精神，发生在当下的新编传统乡村治理剧（抑或是时间上的当下与性质上的传统？），正是这样一出乡村治理剧大大动摇了我那经由数十年的现代教育才好不容易构建起来的现代法治应该无孔不入的思想理念的基石，几至跌入到当下的乡村社会究竟是法的正义抑或是情的人理更为管用的思维陷阱。

我非法盲，也并非就是想借此事来否定送法下乡对于现代乡村治理的意义，但对于此事的亲历和思考，却提醒我不得不去注意在面对一个熟人和邻里社会的人事和生活纠纷时，现代法治精神所可能存在着的局限。对于这种局限，埃里克森早已经通过西方的基层社会经验向人们做了某种提示："法律制定者如果对那些会促成非正式合作的社会条件缺乏眼力，他们就可能造就一个法律更多但秩序更少的世界"（罗伯特·C.埃里克森：《无需法律的秩序：邻人如何解决纠纷》，苏力译，中国政法大学出版社 2003 年版）。而我如今又在一个更加讲究人情化秩序的东方乡土社会中得到了同样类似的明喻。这一明喻就在于：法治精神虽然已经开始逐渐渗透到转型期中国乡土社会的思想和生活层面，但是，当在某个特殊的事件/过程中法与情处于悖论的两端，且依法处置不仅于事无补，反而可能会影响到熟人社会的基本生存秩序和伦理之时，身处其中的人们便可能不但不会选择法治，反而会以躲避法治、归依传统来求得对既有生活秩序的重建或延续。这一事实是否是在提醒我们那些法治的宣传和普及者，可能还包括那些现代法治和制度万能的迷信者：邻里圈子和乡土社会在处理矛盾和纠纷时其实自有一套生发于本土的、与地方性经验和文化紧密相关的技术与知识，这些技术与知识与法律相比较，可能离当事者的生活和经验更近，运用起来的成本也更小。因此，即使是在以依法治村与强调权利的精神来统率转型期的乡村治理之时，也有一个如何处理法治的现代理念与本土化的地方性知识的关系问题，有一个两者如何结合与互补的问题。正是在这一点上，大量农村调查的经验告诉我，我们的农民和乡村干部其实可能远比饱受现代知识熏陶，却逐渐远离传统生活之根的城市知识分子做得更好。

写于 2004 年 10 月

"无政治"的村庄

当下,学界对"草根民主"的炒作异常的闹热,个中原因,除了某种先验理论的作用之外,那种跑马观花式"田野调查"的推波助澜也是一个重要因素。这种理论的按图索骥和"田野调查"的最大收获,莫过于帮助研究与"调查"者们发现了他们本来就想要发现的东西。

其实,深入的田野调查告诉我们,世纪之交的乡村生活,与20世纪的绝大多数时间相比较,已经远非那样的政治化和激情澎湃了,究其原因,还在于中国的乡村社会在改革开放之后,又逐渐地走向一种更为平和与经济化的生活节奏。在这样的背景下,原子化个体小农的村落生活方式仍然是其最典型和占主流地位的一种生存状态,因此,日复一日的生产和生活才是支配个体农民心理与行为的基本逻辑。相形之下,在农民眼里作为公共仪式出现的诸如村庄的选举或是村级民主,无异于热闹的节庆,虽然说必不可少,却也未必就成了村庄生活的主流。从这个角度看,作为一种普遍现象,村庄的"无政治"倒

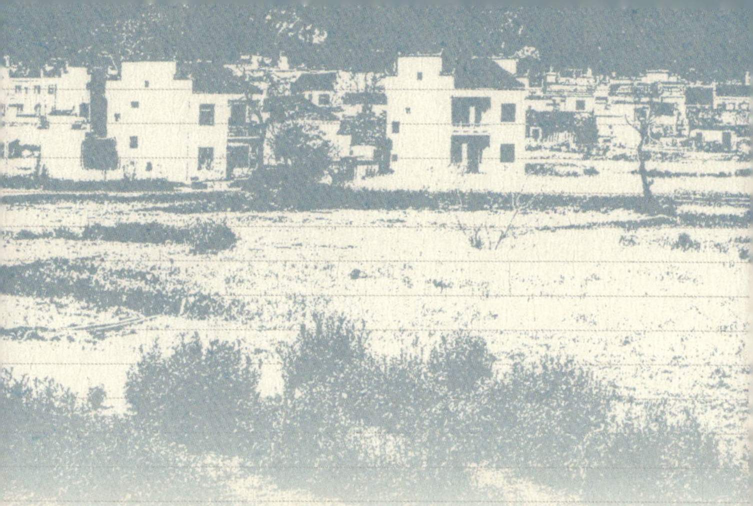

是一种更为常态化的特征。

村庄的"无政治"显然不是指村庄生活中不存在诸如宗族、利益之争等广义的政治现象，而是指村民的日常生活已经远离昔日那种高度革命化和政治化的生活结构与文化场域，回归到了更为恒久与常态的村落生活轨迹。在这种生活轨迹之中，如果要说有政治，那么，在既有状态下如何使自己的生活日渐改善，如何能挣到更多的钱这些"俗事"，才是村民心目中最大的政治。

在这种"生活即政治"的逻辑支配下，村民对于诸如"民主""选举"这些现代性构成可能是重视的，但也很有可能是隔膜的。即使是重视，也更有可能是基于宗族与经济利益的现实考虑，而非某种抽象的权利理念使然。所以，当一个村庄并不存在某种足以调动全村性公共参与的利益诱因时，所谓村庄政治，就往往只是村干部和"大社员"所专有的"公共空间"，而整个村庄则是"无政治"的。这最明显地表现在村委会换届选举这一类村庄的重大事件上，当村民们一方面不再面临必须从事"政治"和"革命"的压力，而另一方面在小农经济的环境中与村庄的经济与社会关联程度又十分微弱的情况下，村民对于选举的响应就完全可能是一种人在心不在，抑或是连人也不在的状态。按照一些村民的话来说，"如今谁还关心这些？

这些东西有啥子用，能换钱吗？""选举不就是决定由谁来向农民收钱吗？"在这种普遍的氛围中，一些有关参选率的百分比统计究竟还能说明什么，就是一个尚待研究的问题。

不过，对于这种村庄的"无政治"，与其以某种框架去分析，不如更多一些设身处地的理解。当农民决定在地里干活或赶场，而不去参加村组的会议，甚至不去参加三年才有一次的投票选举时，这未必就是农民的落后和愚昧。不要以为农民们分不清楚孰轻孰重，当知识精英在为现代政治权利的落实而呼号之时，农民们却完全可能并且有理由对送上门来，却又相对隔膜的权利不予重视。这种现象，站在农民的立场上看也没有什么错。大而言之，当城乡分割的藩篱已经被逐渐打破，当社会流动所带来的经济机会使新生代农民与村庄之外的非农化社会发生联系，从而使他们愈来愈脱离村庄世界时，我们又如何能够一厢情愿地去希望他们会热心于村庄的政治呢？小而言之，当一次会议的主要内容就是要布置当年的催收任务，当一次选举对留守在村庄中的农民的主要功用就是决定由谁来向他们收钱，并决定他们在今后的三年中向谁上缴提留时，相信他们对这种权利的隔膜与疏离也不是完全没有道理的。权利的享有当然十分的重要，但我以为农民们根据他们的生存环境所做出的选择权利的自由，也同样是理性的。

记得笔者有一次现场观察村委会选举,正值冬雨时节,村里的道路泥泞不堪,选举大会那一天,会场上来了近400名村民,约占全村应到选民人数的一半。我以为是老天挡住了一些本想来开会的人们,便一个劲地抱怨天公不作美,可许多村民却指出了我这一想法的天真和幼稚,他们告诉我:"老天下雨,这是在帮忙,因为下雨就无法下地,待在家里也无聊,所以才会有这么多人来开会,凑凑热闹。如果天晴,绝对不会来这么多人。"农民是睿智的,什么需要对他们最为紧迫,他们知道得很清楚。正是这种睿智与清楚,才成就了村干部和"大社员"这些"职业"的村庄"政治人"对村庄政治的操演。

不过,话又说回来,"无政治"的村庄不等于不懂政治的村民,几十年的政治与社会改造,现代化进程中民主与法制意识的"进村入户",毕竟已经在很大程度上造就了传统的村落政治文化。因此,我们在调查中经常会遇到这样一种情况,即不一定行使现代权利的农民却会用现代的政治价值标准去衡量自己的合法权利是否得到了尊重。所以,他们往往会对现实的村政运作持一种批评的态度,这即是所谓政治期望的提升与体制满足这种期望能力的差异在转型期乡村政治意识中的一个普遍的反映。加之现代传媒的发达,村民也同样喜欢以外国来比较中国,以城市来比较农村,以发达地区来比较本村,甚至以大集体的优势情势来比较土地下户的劣势情势，这一比较，村里的工作倒真有可能被比成"丑小鸭"了。于是，以情绪化的批评代替设身处地的理解，往往成为村民情绪的一种表达甚至宣泄方式，在这个时候，即使是一个政治上不作为的村民也可能表现得像一个慷慨激昂的政治演说家。

总之，一切都只有在对影响村庄发展诸种变量的综合分析中才能够求得理解，而在这些变量中，农民普遍非政治化的生存状态、相当部分青壮年村民利益的不在村，以及民主法制意识的增强等，无疑是塑造村庄政治社会特征的最主要原因，这些原因使村庄从总体上看是"无政治"的，但却并不排斥村民们会以最为政治的话语和标准去衡量甚至批评村政的环境与现状。所以，农民们对社区事务可能是关心的，但却同样可能是不会行动的；农民们可能会因为一点儿完全不重要的小事就自动放弃选举，但如果有哪个村干部事先不通知他参加选举，他却会为遭到这种不公正的待遇而愤愤不平；农民们可能会以最激烈的言辞来批评干部的工作；但他们却仍然有可能在三年一次的选举中把自己的选票作为人情而轻易地送给那些他们在心里面并不喜欢的公众人物。

一切都只有置身于具体的村落日常生活情景之中才能够获得理解，因此，只有全面理解了村庄的日常生活特征，才能够准确理解村庄的政治。在这方面,"无政治"的概念或许有助于我们重新理解那种在泛政治化的理论视角下很难理解的问题,或者也有助于克服农村政治研究中那种先验的理想主义情结。

           写于 2002 年 1 月

最后的征收

中央政府决定通过5年的时间彻底取消农业税，各省市区积极跟进，纷纷宣布要提前实现这一目标。于是，2004年一过，我们便看到，农民负担这一困扰了我们多年的老大难问题，一眨眼工夫，就这样要逐步地离我们而去，成为一个仅供历史研究者去评说的话题了。

在经历历史转折的兴奋之余，我的脑海里不禁掠过前年在农村调查时所亲历过的那一幕幕在如今看来恰可以称作是见证历史的"最后的征收"，只不过，这些"最后的征收"所带给我的，早已经不再是前些年为人们所谴责的"牵猪子，撮谷子，扒房子"的惨烈印象，以及乡村干部在自嘲时自描自画的"干部进了屋，数字一公布，大人吓得筛，小伢吓得哭，有钱就把钱，无钱就撮谷"的"动漫"画面。而是税费改革之后在中央三令五申严禁各种强制性征收政策背景下，乡村干部"打不还手，骂不还口，给钱就收，不给就走"的向农民可怜巴巴的"讨饭"活计。对于乡村干部的这样一类角色特征，我不熟悉，也想不到应该去熟悉，所以，刚一入场，面对事实与心理预设之间所呈现出来的巨大反差，着实大吃一惊，并且产生了一种强弱错置的印象——农民这个为全社会公认的弱势群体，居然以种种拖、赖甚至抗的手段拒交税费，而同样为世人所公认具有强大行政能力的基层政权，面对农民的拖欠竟然毫无办法，成了人见人欺的软柿子。然而，经历多了，有了一种站在乡村立场的体验，才逐渐地认识到，长期以来，在农业税征收中其实一直就存在着两种截然相反的景象，只不过，税费改革前强制性征收的负面影响在很大程度上遮蔽了征收的艰难，才使我们这样一些有能力去制作话语的知识者主要是以对弱者的同情，代替了复杂事务的复杂化分析，以至于不可能，也不愿意正视广大乡村干部在农业征收中所遭遇到的困窘与尴尬。

在一些地方，与税费改革之初乡村干部的预期相反，"最后的征收"所带给他们的，不是如释重负，而是征收难度不降反增，无奈之下，只能重操旧法，依靠垫税完成任务。这种预期与现实的差距，给当初对税费改革寄予期望的基层干部一个措手不及，使他们陷入一种集体心理受挫后的苦闷、不解甚至失望。于是，"最后的征收"所带给基层组织的就不是行政压力的减轻，而是在历史大转折之前似乎注定要经受的一种历练。

回忆起来，一些地方在税改之后征收难度加大的原因主要有三：

其一，按政策规定，农户税额的核定以农民承认为准，不得通过丈量土地的方式进行，但又务必确保税赋不悬空。乡村干部们认为，这两者本身就存在着矛盾。随着前些年农民负担越来越重，中西部农村（特别是传统产粮区）土地抛荒现象愈益突出，但其中不少农户其实是名抛实未抛，只是想以抛荒之名来躲避税费，结果在乡村两级造成大量的税赋悬空，无法落实农业税任务。税费改革，中央旨在减负和与民休息，所以，强调落实税赋时务必以农户签字认可为准，不得进行土地的重新丈量，这在客观上让一些地方只能对多种少报现象听之任之。但地方各级政府在制定和下达任务时却难以把这一情况考虑在内，结果给具体操作的乡村两级带来困难。根据政策，农民不报或不签字认可，你就没有办法，结果，少数人不法运作的成功难免挫伤大多数纳税农户的心理，加之部分群众坚信农业税早晚会取消，各种因素相加，就导致了拖欠和拒交现象愈加严重。乡村两级完不成任务，却又不能少了上面的一分一厘，只有自己想办法填补空缺，这就是所谓"任务要确保，乡村来兜倒"，因此又造成新的乡村债务。由此，税费改革这一大受农民欢迎的好事，在一些地方反而给乡村组织平添了新的烦恼。

其二，税费改革强调依法征收，财政为征收主体，乡村干部只能协助工作，不得开票收钱。这一规定规范了征收，避免了村级组织在以往征收中存在的搭便车行为。但是，钱不从村组经过，村组干部也失去了对征收的热情，而没有他们的配合，一些财政专管员可能连农户的家门都摸不着；就是找到了，由于与农民不熟悉，不存在对农户直接或间接的制约能力，农户不买账，他们也没有办法。不像以前，农户不交，村里还可以在农户要求自己办事时进行"反制"，以结清欠款作为办事的前提，这即是所谓官—民、公—私之间相互拉扯和制约的"正式权力的非正式运用"。实际上，自20世纪90年代以来，农村的许多任务都正是靠着这种"正式权力的非正式运用"才得以维系的。不过，眼下乡村干部在失去权力的同时却并没有卸掉责任，事实上，大多数财政专管员收税，照样还得寻求乡村干部的支持，而且在实际上也还得由后者来唱主角，专管员所能做的大抵不过是收钱与开票。

笔者并无指责新规定不顾实际，徒然增加行政成本之意，真正的问题在于，钱虽然由财政去收，上级政府的目标责任制考核却仍然对着乡村两级，完不成任务也仍然要追究乡村组织的责任，这就等于说是将乡村的权力拿走了，担子却丝毫没有减轻。乡村组织权小位卑，加之一般乡镇主官又大多眼巴巴地盼着干出点政绩以实现升迁，所以，就是心里有想法也要憋着，只能是一个劲儿地擂任务。乡镇主官向干部们加压，所能使用的几乎唯一办法，就是将完成任务的状况与干部的收入挂钩。在目前乡镇机构改革几等于无权者和不听话者分流下岗的情况下，面对压力，干部们除了完成任务，还能有什么选择？村干部倒是可以发发牢骚，但那只不过是过过嘴瘾，就是有再多的道理和怨气，也未必真敢拿自己本已微薄的收入开玩笑，除非他们真不想当这个品外之官。但是在一般农业地区，干部再穷也比群众强，还不要说总会存在一些因职务之便而增加的收益。所以，心口一致者其实不多。有人可能会说，如今的村干部是选的，不听上面的话，能奈我何？对此，乡村干部笑着对我说，也就只有读书人才会这样想问题。结果，基层行政的空间就是再局促，干部们在利益的高压之下也还得硬着头皮，想方设法去完成任务，如与农户磨嘴皮、比"缠性"，向农户讨好、套近乎、攀亲缘，甚至于以"行乞"的姿态求得农民的同情，利用"良心发现"一类战术将拖欠或拒交者置于一种道义上的被动和尴尬，使其最终因无法推托而交钱了事。管他的，只要能完成任务，脸面什么的也顾不得了。所以，乡镇主官也每每教诲干部，在新的形势下，要有向农民下跪的心理准备。对于这些我所亲历的以自我矮化为基本特征的收税技巧，我戏称为"讨饭的技术"。然而，这些讨饭技术也只有对一般脸皮薄的主儿才有效，若真要遇上那等"打不湿，拧不干"的"油抹布"，这屡屡奏效的权力运作方式还不照样"熄火"。在这种情况下，就只有垫交这一条路了。垫交总有还的时候，甚至还会私下计一些利息，如果完不成任务而被下课下岗，那才真的是连翻盘的机会都没有。这便是乡村两级再困难也要完成税赋的原因，也是县一乡一村压力型体制始终能够维持运转的秘密所在。但运转固然运转，心气却已改变，税改在一些地方所导致的出人意料的征收困难，难免不影响到乡村干部对税改本身的评价。

其三，在任何情况下都不得强制性征收的规定在客观上也增加了征收难度。税收本来就具有"三性"，即固定性、稳定性和强制性。现在，农业税不允许强制征收，任务却又一分钱不能少，这就等于是把矛盾扔给乡村两级，让基层为难。乡村收不齐农业税，除了用其他资金垫付或者借钱交税，没有其他办法。所以，干部们说，上面把农民的觉悟估计得太高，一方面任务必须完成，另一方面又不能强制征收，只有逼得乡村到处去化缘；结果，各种想办法争取下来的支农资金实际上又以农业税的名义交了上去，国家的钱在空转，只是好了那些有权力批项目的人，为了拿到资金，基层必须想法与他们搞关系。

撇开农业税应否取消不谈，单就上述乡村干部站在他们自身立场上所表达的观点而论，我国农业税实际上已经用于供养基层干部近年来争论激烈的更为宏观性的问题了，这一点不能否认，它们是现行环境下农业税征收在操作中所遭遇到的实际困难的反映。对于这样一些困难，那些坐在书斋里专事改革谋划的学者们是不大注意的，他们更关注一些带有战略性和政治正确性的大问题。例如，当他们感受到愈益沉重的农民负担已经影响到农村的发展和稳定时，便主张减轻农民负担；当他们认为农业税费实际上主要用于供养乡村干部时，便力主进行乡镇机构改革，或主张干脆取消乡镇政权，将多余的人打发回家。但他们却很少去考虑一项新规在取代旧制时可能要面临的复杂局面，他们一般不会去想这些问题，因为他们大多既无从政经历，也没有田野工作的体验，长于战略设想而短于技术分析。只有身临其境的地方和基层干部，以及那些具有丰富政策经验的中、高层领导，才更有可能清楚改革所面临的选择限制和社会成本。他们知道，因为历史原因而多余出来的干部实际上是很难用打发回家这类一揽子改革方案来化解的（当然，我国乡村干部究竟是否多，这本身也是一个存有争议的问题），因为那样做实际上是在化解农村社会底层不稳的同时，又在制造一个农村社会中、上层的不稳，这种不稳在任何时候，尤其是在一个社会转型时期给国家和社会带来的危害，可能较前者更为直接和紧迫，因为从政治不稳定的角度看，底层精英的不稳往往是促成弥散状态的底层不满被组织起来，成为实际对抗行为的关键因素，因此也是更加应该避免的。这倒使我联想起电视连续剧《走向共和》中慈禧太后的一句台词："兴一利必生一弊。"不知这话是出自剧本设计还是历史真实，不过确有相当的道理，因为它提醒人们要充分注意改革不能绕开历史，并且不能不面对局促的行动空间。事实上，这种局促的改革困境，我们在最近20多年的历史中已经屡屡遭遇了，税费改革背景下一些地方征收难度的加大，无非是这种局促性的再一次体现。

因此，我相信，具有丰富执政经验的政策制定者是不大可能采纳那种只具有意识形态正确性（假定如此）却缺乏可操作性，或者说从根本上就是在添乱式的取消乡镇政权和将多余干部打发回家的"改革"（"革命"？）方案的，现实只允许他们采取控制基层干部编制，花一两代人的时间，用自然退休等办法去逐步消化基层政府人员冗余这一更为温和务实的政策。因为他们只能在这样一种狭窄的两难格局中做出选择，在平衡中逐步地消解矛盾。但这样一来，又意味着政府必须继续面对收税养人这一虽然不尽合理，却也无法规避的现实。这就是为何政府既要坚决减负，又要下达严格税收任务的原因所在，也是2003年我在乡村做调查时恰巧清楚地看到政策转轨中新旧矛盾杂陈凸现的根本原因——乡村干部们所面对的，正是税费改革政策在减轻农民负担的同时，却又导致部分地区新的治理困境这一改革初期的两难困局。

让我们把思维继续放回到这一困境出现的时间断点上，去设身处地分析和设想此时此刻乡村干部对税改政策的种种反应。不能不承认，基层所遭遇的问题是真实和值得思考的。例如，对于是否允许丈量土地和强制性征税这两个问题，中央高层、主流理论界和地方基层的感受可能是完全不同的。对于前面两个群体而言，可能就是要放农民一马，也可能的确是对农民逃税行为的普遍性估计不足。但不论他们做怎样的考虑，不准丈量土地及强制性收税的规定在体恤和保护农民利益的同时，又确实是让基层干部为了难。

长期以来，20世纪中国政治的历史以及由此而生的意识形态早已经衍生出一套人们不再对其本身进行思考的概念化思维范型，例如，既然国家是人民的国家，人民是国家的主人，农民是国家的阶级基础，那么，在理论的视野里，农民就理所当然地被设定为积极配合政府的道义行动者，而"经济人"和

"理性人"这些现代经济学的假说,在这一概念化的思维范型面前就总容易戛然而止。所以,学者们能够从经济的、利益的和理性的角度去考量基层政府的行为,却少有人能够同样如此理性和经济地去分析农民在与政府互动中所表现出来的相似行为。阶级斗争的思维定式一朝被拆卸,面对普遍存在着的农民与基层政府的博弈,我们要么易于先入为主地将农民视为遭受欺压的弱势,而去苛责干部的野蛮横行,要么因为缺乏对应性分析复杂社会的理论工具而陷入严重盲视,或者干脆就在同情底层心理的驱使下,放弃了对农民进行理性分析的学术责任。结果,基层乡村干部在农村工作中所实际遭遇到的种种真实问题和困难,却十分轻易地被缩小或曲解,甚至干脆就处于"失语"的境地。

试想,当我们通过以上分析解构了主流话语和社会舆论范式得以形成的根由,站在乡镇主位的立场上对上述乡村干部的倾诉做"复声"处理,难道不会正视和同情乡村基层所面临的一系列现实困难吗?乡村干部不是政策的决策者和研究者,我们不可能要求他们去理解和体会一项政策超越于乡镇场域之上的意义和作用,而只能要求他们去思考其所实际面临问题与境遇的真实性,正是在这一点上,作为一个以乡村为研究场域的田野调查者,也就自然应该尽可能设身处地去分析、理解和体验同样的问题,并以此出发去反思相关公共政策和理论研究的多层面相。正因为如此,当我在整个2003年都不断遭遇到这种乡村干部的征收困境时,我所最为关注和忧虑的,就自然是如何去改善和增强乡村基层政权的治理能力问题,因为当你看到一个公共权威组织在执行最起码的法定税收任务时都遇到了很大困难,就不能不做这种思考。毕竟,我也还记得政治发展理论大师亨廷顿曾经说过的话,在一个特定的转轨时期,秩序的供给较之于自由可能更为紧迫,而晚清的教训也早已在向我们昭示政府维持秩序的能力对于改革前景是多么的重要。

好在决策者不仅看到农民负担给农村发展带来的桎梏,也终于体谅到乡村干部的苦衷,最终做出通过5年时间彻底取消农业税的决定,也好在各个地方政府肯拿钱出来解决因取消农业税而造成的基层政权运转的经费问题,使5年时间表有望提前实现,终于免使乡村干部再去遭受那局外人难以理解和想象的"洋罪"。

历史很快就会翻过旧的一页,在不征收的情况下,"三农"问题和"三农"研究所展现在人们面前的又将是另一种气象和另外一番思考,于是,我这一篇小文也就几成追忆一段历史的"祭文"。在这篇"祭文"杀青之时,一个新的问题又不由得浮现出来,征收曾经是中西部地区乡村干部的主要工作,现在不收税了，那些已经习惯于为征收而奔波的干部又将做些什么？更为重要的是，在缺乏经济实力的地方，如果上级承诺的经费不能兑现或者根本就是杯水车薪，乡村组织又依凭什么来运转？莫非还真如一些人所主张的，要回到没有现代公共权力的前"利维坦"状态？从这个角度去思考，我便以为，取消农业税并不等于解决了所有的问题，我们在化解一个历史难题的同时，是否也因此而带来需要去思考和应对的新问题？

写于 2005 年 1 月

怎一个"撤"字了得?
——新农村建设背景下的乡镇改革定位

在今天,建设社会主义的新农村已经成为一个日益为大家所关注的问题,这个问题的提出,无论是基于拉动经济内需的需要,还是从重新安排和谐有序的城乡关系以及重新定位我国的城镇化道路着眼,都意味着我们将要对中国高速现代化过程中农村本身的地位与作用进行重新思考。在这个思考中,有一个问题应该引起我们的高度重视,那就是在建设社会主义和谐新农村的战略中,乡镇政权的地位和作用应该如何评估?乡镇体制改革的大方向应该如何确定?

在前些年的乡镇体制改革研究中,有一种主张是要撤销乡镇政权,或代之以派出机构,或代之以自治组织,一个字,即对农村基层政权进行撤或减。这种主张在当时还有一个经济学上的理由,那就是在收取农业税费的时代,既然农业税费的主要部分被用来供养乡镇干部,维持乡镇机构的运转,那么,要从根本上解决农民负担问题,一个最省事,当然也是最彻底的办法就是取消这一级组织,让乡镇干部自谋出路。这可以说是一种量入为出的思路,既然养不起就不要养;不养乡镇政权,自然就没有什么农民负担问题了。可以说,这是前些年在高校系统的农村政策研究中一种占主流的意见,听起来也十分符合经济学所讲的道理。

如今,我们已经告别了农业税时代,虽然问题并不等于完全解决了,但我们总算可以不仅仅从量入为出的角度,不仅仅从经济的角度,而是从农村发展本身是否需要基层政权,需要一个什么样的基层政权的角度来讨论这个问题了。撇开"有税时代"关于减轻农民负担与乡镇政权存废关系的争论,当我们在"无税时代"重新审视乡镇政权的地位与作用时,我们又应该如何对其地位和作用进行定位呢?这就要涉及我们如何来认识和理解中国乡村现代化的特点,以及这一特点对基层政权的要求。

作为一个常识,我们都知道,自晚清开始的中国的现代化是一个自外向内、自上而下和自城而乡的过程,具有强烈的规划性和赶超性特征,而进行这种规划与带领这种赶超的,只能是政府,这是我们必须要认清,并且一定得承认的事实。而从改革开放以来中国国家治理的基本特征看,我们又正处于从全能型治理向后全能型治理过渡的时期,在这样一种既变而又未全变的大格局下,作为启动现代化的一个最为关键、无法回避和绕过的因素,仍然是政权的力量;对于农村而言,则是县和县以下的基层政权的力量。如果基层政权的治理能力弱化,或者在县级以下的广大区域根本就没有这样一个层级设置,那么,我们很难设想,在当下广大的农村,能够寻找到一个替代性的力量来承担起本区域内经济社会发展和建设的规划者、发动者、组织者和服务者的功能,而所谓的规划与赶超也就无从谈起。在讲这一点时,我从来不否认现阶段的基层治理中可能会存在若干问题,包括涉嫌滥用权力本身可能就是造成基层社会失序的一个重要因素。但是,我仍然认为,这也许是一个并不理想,但却无可选择和回避的格局,因为相对于消极行政下无希望的贫穷落后的持续存在,我们还是宁愿选择一种哪怕是并不理想,但却可能有助于摆脱贫困的积极治理方式,即便在此过程中农民的利益有可能会遭遇到基层组织的侵害。因此,如果我们将注意力放在农村建设和发展的现实角度,而不是一味放在一种政治理想主义的角度,那么,我认为,在今天,乡镇政权与乡镇体制改革的思路就应该是如何实现它在新农村建设中的治理转型的问题,是如何强调它在这一过程中的规划者、发动者、组织者和服务者的角色问题,以及在此过程中它的规范行政的问题(当然也包括它本身的民主和法制建设问题），而不是简单地取消它的问题，更不是让县级政府派出一个消极的机构来取代它。这一点，涉及我们如何定位乡村发展在中国现代化中的战略地位，即我们是等待城镇化来自然地抽空乡村资源，任后者处于一种自生自灭或被施舍的地位，还是在城镇化过程中为大量留守乡村者提供一个可以被期望得到逐步改善的经济和社会环境，并以此来减缓和缩小由于高速的城镇化所造成的城乡二元结构固化和加深的问题。在这里，发展的大局将决定地方行政层级的设置，也决定了我们的乡镇基层政权不仅应该存在，而且应该发挥重要作用的理由。

在关于取消乡镇政权的主张中，有一个重要的历史论据，即认为乡镇政权并非自古就有，它只是近代以来国家政权下沉的一个结果，言下之意，既然过去没有，现在当然也可以不要。这种推理其实大有问题，我们承认，作为一种固定化的体制性设置，乡镇政权的确是近代化和现代化的产物，或者说是近代以来"国家政权建设"与治理转型的产物，那么，我们是不是需要问一下，何以在此过程中就一定要将基层政权的设置下沉到乡镇社会呢？这难道不正说明了国家在自身的现代转型中势必要扮演一个比古代政权更加主动、积极和有为的角色吗？事实正是如此，相对于古代政府，任何一种形式的现代政府都是一个职能更加复杂、功能更加多样、层次也更加清晰的政府，而不会是一个更加简单和简约的政府，这本来就是现代社会发展对政府自身发展和建设的要求，也是政治学和行政学理论的常识。只要我们愿意想一想古代政府与现代政府在功能与公共产品输出上所发挥的完全不同的作用，答案其实是相当简单明了的。

而且，以古代地方政权的设置止于县作为取消乡镇政权的理由，其实也是没有搞清楚古代地方政权的构成特点。别的不论，就以瞿同祖的《清代地方政府》一书给我们勾画的清代地方政府形象为例，就至少可以得出两点结论：其一，在正式的行政结构设置上，地方的县政府的确可以被视为一个"一人政府"，即正式对上级国家负责的官吏非常少，集中于一人；但是，也是其二，在这个"一人政府"的下面，却有一个十分庞大的为县官服务的非正式的类似于职员的队伍，这支队伍其实仍然包括了从收税、财政管理、司法仲裁到地方治安的全部方面，其人数有可能达到数百，这些人仍然是要领取薪俸的，只不过它们的薪俸是由地方官想办法去筹措或以"陋规"的形式解决，与我们所说的乱收费有类似之处。在这个意义上看，古代地方政府也绝非我们想当然所设想的那样只由为数很少的几个人组成。可惜我们在进行古今政府的构成比较时，总是有意无意地回避这第二部分构成的存在。

有人可能会说你这是在分析古代县政,而非乡政,但通过对当代乡镇政权与古代的县政权进行比较,我们还会发现,经过前些年的合乡并镇,现在农村的乡镇一般都由过去的两到三个乡镇合并而成,这样的乡镇,从其所辖的版图面积看,一般都在一两百平方公里左右;从所辖人口看,也多在4万—12万之间,这个人口数显然未必就一定比古代一个县所辖的人口数小;而如果从管理事务的内容与量上来看,我们甚至可以认为如今一个乡镇政权所辖事务比古代的一个县政权还要多。所以,我们就更难想象,在如此一个较大的地域内,面对如此繁复的公共事务,如果我们的治理者不是要仅仅扮演一个无为而治的消极行政者的角色,不是要扮演一个看守者的角色,而是要承担起新农村建设的规划者、发动者、组织者和服务者的功能,那么如何可以不赋予其相对完整的政权职能,或者说仅仅可以以一个派出机构来替代?

所以,我的结论其实也很简单,那就是在当下的乡镇体制改革的思路中,基本的方案不应该是一个"减"字和"撤"字可以了断的。定编定员固然重要,保持一个适度规模也同样必要,经济职能社会化无疑是一个方向,有的非重要职位也可以考虑不设,但基层政权本身如何在此基础上实现治理转型,使之不仅是更加有效地服务于新农村建设,而且是要积极地引导和组织新农村建设，才是改革的正路。所以，乡镇体制改革的方向是要想办法加强和改善对基层乡村社会的治理效能，而不是相反。

至于说乡镇政权在现在的条件下能否以自治的形态存在，它如何才能实现，这涉及另一类复杂的理念和操作性问题，限于篇幅，就不在这里讨论了。

写于 2006 年 9 月

治理素描

"双重角色""经纪模式"与"守夜人"和"撞钟者"

随着以村民自治为契机的村政重建,国家与村庄关系视野中的村干部的角色与行为特征又引起了学术界的关注和讨论,在这种讨论中,以各种词语表达出来的"双重角色"理论,在沉寂了半个世纪以后,随着村治话语的重新流行,再度成为人们用来分析和理解村治精英角色与行为特征的一个经典模式。

作为一个韦伯意义上的"理想型"模型,"双重角色"的理论对于理解当下农村村干部的角色特征无疑是准确和适当的。例如,我们既可以将集政府行政任务和村庄利益于一身的村干部视为处于国家与农民互动交汇点上的中介人,即所谓国家利益代理人和村庄利益当家人,又可以像一些学者已经做过的那样,甚至进一步将诸如村庄党支部书记视为国家形象与意志在村庄中的代表,而将经由民主选举产生的村委会干部视为村民利益的天然代表,于是,便有了诸如两委关系这样一类学术问题。据说透过两委关系,可以折射出村治中的国家和农民利益博弈这一类更为宏大的问题。

不过，仔细想想，又觉得这样的类分似乎有进一步思考的必要，因为农村的村干部，无论是党员选出来的党支部书记，还是经由村民选出来的村委会干部，说到底不过是一农民，他们世居村落，吃着农家饭，且没有通过当干部而跳出农门，跻身于公务员队伍的希望，凭什么你就认定他们一定是国家的"代理人"？就两委关系而论，城里单位也有，如果出现了矛盾，大不了就是平平常常的权力和人事纠纷。怎么就没有听说凭空给整出一个什么国家与社会的二元结构性矛盾来？

田野工作的经验告诉我们，关于村干部"双重角色"的定性与分析，虽然不能认为有多大的错误，但也基本上是一个站在村庄之外看村庄而做出的制度主义推论，这一推论以静态和结构化的国家与村庄的二元理论为底蕴，它所设定的，实际上只是村干部角色与行为的应然状态，即理应如此。而在实际的村治过程和村庄场域中，村干部的角色究竟如何体现，他们是否能够扮演好国家代理人和村庄当家人这一双重角色，则在很大程度上既与上述宏观二元化结构有关，也与决定和塑造村干部行为的具体情景有关，同时，还与村干部对这些情景的反应有关。因此，具体场景之中村干部角色的定位与分析，就一定要结合具体情况进行具体的分析。

论及具体的村治情景，中国之大，村庄数量之多，情况之复杂，不可能一概而论。在此，笔者仅就调查中经常遇到的那种纯农业型、缺失集体经济的村庄（即所谓"空壳村"）的状况做一分析，这样一类村庄在内陆地区占有较大的比例，因此，它们的情况应该可以反映当下村治的一种类型。

在这样一类村庄中，我们往往会发现有这样几个共通的因素在同时影响和左右着村干部的行为逻辑：

一是乡村互动主要体现为一种乡对村的财政汲取和村对乡的税费上缴。这些地区，所谓乡镇财政，很大程度上是一种"农民财政"，因此，所谓乡村关系，在实质上就是围绕着税费的抽取与上缴而形成的利益再分配关系。在这样一种关系格局中，村干部注定要扮演替乡（镇）政府向农民收钱这一吃力不讨好的角色，而且，由于以下第二个方面的原因，这种税费征收的任务又构成了村政的最基本内容，因而也就相应地决定了村干部在村民心目中的"索讨者"形象。于是，"要钱"，再加上"要命"（指计划生育），就成了村民对村干部行为特征的一个基本画像，也成了村干部们日常挂在嘴边，借以自嘲的口头禅。

二是有的集体经济薄弱甚至缺乏，村庄公益难以启动，村干部除了起着维持会的作用，实在难以在发展村庄经济方面有所作为。在这样的村庄中，村民的经济生活和社会关联已经高度个私化和零碎化了。村政的运作、村干部的工资，无法依靠集体经济解决，一分一厘都要靠村提留支撑，所以，村干部实际上是由村民们供养着的。然而，村民虽然出钱供养村干部，但村干部却主要干着政府的差事，这些差事当中有一多半又是涉及要与农民分利的，这种情况对于已经高度"经济人"化了的个体小农，实在是一件很不划算的事情，所以，他们对干部们总是挑三拣四，横竖不满意，这可以说使村干部在村民心目中又多了一重被供养者的形象。

三是随着村民自治的深化和完善，村干部的合法性基础与权力授权来源发生了由上至下的转变，乡镇已经不能任意决定村委会干部的任免与去留，即使是村党支部书记的产生，来自于村庄方面的影响也越来越大。在这种情况下，村干部开始由传统习惯中的"跟上"转而开始"跟下"，注意与村民沟通感情。相比之下，他们对乡里的依赖，也就是说对政府的依赖反倒日渐降低，这种情况已经开始重新塑造着乡村干部的互动模式。

四是乡村处于国家与村庄社会的连接点，所谓"上面千条线，下面一根针"，日益庞杂繁复的行政任务（甚至包括像村民自治这样的基层民主政治建设之类的行政任务），仍然要求村干部必须要配合好乡镇的工作，这在客观上又使得村干部很难拉近与村民的距离（指角色与角色之间的距离，而不是作为个人与个人之间的私人感情距离），结果，乡镇在感到村干部越来越抓不住的同时，村干部却又感到自己实际上很难真正为村民所接受，于是，村干部就往往被置于一种姥姥不疼（疼不了），舅舅不爱（不可能爱深）的尴尬境地。

在农业型的"空壳村"中，影响与左右村干部行为特征的环境因素还可以举出一些，但是，仅仅以上数端，便可以使我们感受到"双重角色"理论在这里要经受一次经验的验证了。因为我们已经清楚地看到，上述村治环境实际上已经使村干部群体处于一种政府与农民夹缝之中的结构性两难，即一方面，干部们由村民任免，拿着村民的钱，但却主要办着政府的事；另一方面，乡镇要求村干部积极配合工作，却又愈益无法对他们提供一种利益激励与政策庇护。结果，村干部办的事情越多，代理特征越明显，村民可能就越不满意；村干部欲做村庄利益的维护者，乡镇又会有看法，而且在强国家—弱社会、强政府—弱村庄的博弈格局下也很难真正做到。这就使目前的村干部面临着两头受夹、两面不落好的困局。如果我们暂时不考虑村干部群体在人品上的特点，那么，我们会发现，在一些村庄中，要扮演好"双重角色"已经是一件越来越困难的事情了。

显然,"双重角色"理论过多地强调了村干部角色作为制度和结构的静态反映的一面,没有考虑到作为行为主体的村干部对村治的社会生态环境的适应与选择,正因为如此,笔者注意到许多研究者已经不再满足对于村干部角色的静态定性,而是力图在流动与具体的村治情景中去探究村干部所实际表现出来的动态化特征。于是,杜赞奇的"经纪模式"便大行其道,大有替代"双重角色"理论的趋势。

杜赞奇的"经纪人"是用来指称那些身处传统官僚体制之外,但却帮助国家实施对乡村社会汲取与治理的一个社会群体。在杜赞奇的笔下,这个群体居于国家与乡村社会之间,他们在帮助国家的同时,也借以实现自身的利益,所以,杜赞奇用"经纪统治"来进行概括。这就像居间交易中的捐客,所谓"经纪"者,中间人也。"经纪统治"的经验源泉是晚近以来的华北乡村,但是,许多研究者发现,这一理论对于理解当今某些地方村干部的角色与行为似乎仍然具有启发性。于是,"经纪模式",进而杜赞奇据此进一步类分出的"赢利型经纪"(指借助政府力量以谋利者)和"保护型经纪"(指在与政府打交道过程中维护社区人民利益者)在当今的村治研究中也屡屡地被提及和使用。

相对于"双重角色"的静态分析,"经纪模式"的确强调了地方精英人物作为身处国家和村庄基层社会之间的中间者的独立性和行动者地位，因为任何一个社会群体都不可能仅仅是某种制度和结构的影子，而是有着自身的特殊利益和追求，可以在制度和结构所给定的框架内进行思考、行动，从而对制度和结构施加影响的行为主体。从这一点上看，借用杜赞奇的"经纪模式"来分析动态过程中的村干部，只要不是偏执于某种泛意识形态化的教条成规，的确有助于深化我们对这一现象的理解。

不过，笔者又注意到了另外一种现象，当知识界不再抽象地讨论村干部的双重地位和角色时，他们往往又开始以"经纪模式"作为打量村干部的新的有色眼镜了。于是，一时间"赢利型经纪"和"保护型经纪"的标签到处贴。笔者并不否认当前的村治格局中的确存在着若干"赢利型经纪"的现象，但若说村干部们一定会在"保护型经纪"或"赢利型经纪"这两种类型中必居其一，却也不敢轻易苟同。就上面提到的那种村治环境而论，是否一定能够培塑出"保护型经纪"或"赢利型经纪"呢？问题恐怕并不那么简单。"保护型经纪"自不必说，若仅仅就村庄而言，未必不是一种福祉，问题在于绝大部分学者都清楚地知道，在目前的村治格局下这种情况并不那么容易出现，相反，倒是各种"土围子""山杠爷"和"禹作敏现象"

这类变异了的"保护型经纪"屡屡成为国家防范和打击的对象。而另一方面,"赢利型经纪"若要大量产生,至少应该具备两个方面的条件,一是有利可赢的村庄经济,二是自上而下的权力授权以及权力运作缺乏监督。在前述村治环境中,不能说完全不存在产生"赢利型经纪"的制度空间,但平心而论,在一方面村庄经济已无大利可赢,另一方面基层民主建设日益把村干部置于国家和村民双重监督的大环境下,这样的空间从总的方面看是不大的。所以,虽然村干部占些小便宜之类的事情经常发生,但如果说典型的"赢利型经纪"会成为一个愈益普遍的现实,也是令人生疑的。因此,笔者以为,将"赢利型经纪"模式化与普遍化,未必不是惯常的意识形态先定论在经验研究中的另一种表现。

现实的情况可能是,一个精明的村干部不是选择成为"赢利型经纪",而是去学习和磨炼自己,以适应身处国家与农民夹缝之中的两难困境,这说得具体一些就是学习和掌握踩钢丝与摆平衡的游戏规则,即在完成政府任务的同时尽可能以不伤害与村民的关系为基础。但是,在某些情况下,这场游戏的难度的确很大,因为在涉及税费的抽取与上缴这一类利益分配的问题上,政府和农民各自存在的结构性需求可能是较难统一的。于是,在无法做到两头满意的情况下,作为一个替代性游戏规则出现的，就是在不能维持两面平衡时，转而采取两头应付的态度。这样，一方面，所谓代理人的角色并不能真正地履行——因为要一个世居村里的农民（即使他是村党支部书记）为了本不属于他自身的利益而全然不顾乡梓情谊与村庄利益是不现实的；另一方面，作为当家人的职责又实难真正尽到——因为要一个想当村干部的农民为了顾及乡梓情谊与村庄利益而冒险与上级对立，遭受苛责，也同样是不现实的，同样，"经纪人"这样的角色也并不容易当好。于是，村庄秩序的"守夜人"和村政中的"撞钟者"（或许称"维持会"更为准确）倒可能成为如今一些村庄的干部在角色与行为上所具有的更为显著的特征。

"守夜人"和"撞钟者"在角色与行为上的最大特征是，一方面，村干部不会有意地怠慢行政任务，但若要他们全力以赴，那他们是会好好地想一想的，尤其是当这一类任务比较艰难时。"谁也不会一辈子当干部，还能不为自己留一条后路？"另一方面，村干部在主观上愿意为村民办事，但他们究竟能在多大程度上解决村民的困难，特别是解决村民经济生活中普遍面临的最主要问题，又实在是一个未知数。在这种情况下，谁当村干部，村干部的选与不选，便不是村民们最关心的问题。"选来选去不就是选谁向我们收钱吗？"于是，村民自治在很大程度上也就变成了村庄的无为而治。

"经纪模式"的不典型自然省去了乡镇干部不少的麻烦和担忧,但"守夜人"和"撞钟者"的出现却意味着村政的懈怠。对此,乡镇干部似乎找不到有效的解决之道。"扶又扶不上来,撤又撤不下去",这成了如今令乡镇干部倍感头痛的一件事情。为了推动村政,许多乡干部不得不反过来与村干部联络感情,想凭借面子、感情等非制度化资源去实现日渐失落的科层化权威所无法达成的行政目的,结果,乡村互动中的非制度性因素增加了,这便是一些学者所发现,并着意强调的"正式权力的非正式运用"。正式权力的非正式运用对于懈怠的村政当然是一种补救,然而,我们似乎没想过,如果乡镇对村里的工作普遍只能依靠这种方式去运作时,这对于乡村关系,进而对于国家与村庄的关系又意味着什么呢?

写于 2001 年 12 月

不同语境下的乡村关系

在近年来有关乡村政治的研究中，乡村关系称得上是一个引人注目的焦点性关系，前不久，京外某高校举办乡镇体制改革的学术研讨会，除了学者与会外，还引来不少农村基层第一线的县乡干部。双方各抒己见，观点因职业而泾渭分明，其中争得不可开交的一个问题，就是这见仁见智的乡村关系。其实，就我国地方各级政治与行政机制的运作而言，可以称得上是关系，并且可以独立立题研究的东西很多，除了乡村关系，诸如县乡关系、县（区）市关系、省市关系等，也都是可以研究的重大课题。然而，当下能够有幸进入学术视野，构成地方政治的一项显要研究，并被炒得如此热的，却只有乡村关系。

学界何以对乡村关系如此厚爱，而对其他的若干关系却相对冷淡？是否因为如今的乡村关系已经大成问题，其他的关系则相对顺畅？至少从基层第一线反馈回来的信息以及我自己在乡镇的体验看，并不尽然。就算乡村关系确有问题，但细细追究，这问题大约也只能算作是其他更为宏观的关系和问题的一

乡村旧事

个延续性的表现和结果，而不是原因。乡村存在的许多问题，如果不进一步上溯到远比它们更为复杂的其他问题和关系，其实是远没有办法解决的。这就好像如今人们常常爱说的解决农村问题的途径在农村之外一样，就事论事地谈多了也无益。由此，我就在想，乡村关系虽然的确可以说是当下农村社会与政治机制运转中客观存在的一对关系，或者也可以被视为是有问题的一对关系，但是，从事基层政治与社会问题与"三农"研究的知识分子之所以对其情有独钟，是不是除了学科的偏好之外还另有缘由？它是不是与近些年来学界颇为流行的两大主流话语有关？这两大话语，一个是"国家—社会"互动的话语，一个是"民主—自治"的话语。仔细想想，发现自己的这个想法还不能算是太没有依据，因为在前一种话语的框架下，乡镇是国家政权体制的尾，村庄是民间草根社会的头，这一"头"一"尾"的对接，自然就碰撞出一个"乡村关系"的"现实"来；而在后一种话语的引导下，就有了村民自治，进而又有了乡村之间在制度规范上的指导与被指导关系。如果现实中的乡村关系与此不合，自然就构成一个问题，于是乎又有了要进一步理清这种关系的种种说法和"政策性研究"。这样一想，自以为还真的就发现了乡村关系在近年间被凸显为一种引人注目的"关系"的原因。

治理素描

笔者之所以敢如此自不量力地以个人管见对阵主流学术,确实是因为在下面待得久了,受到那些乡镇朋友的启发,多了一些站在基层政府立场的主位思考。别的不论,仅就这乡村关系而言,你若是不固执己见,肯换一个角度,换一种话语,保管你不论自由派还是保守派,都一定会看到一幅完全不同于在前两种话语支配下的乡村关系的图景。在这幅图景中,主要的景致不再是乡—村之间的力量博弈,以及由此给人带来的"国家—社会"博弈的联想,不再是村干部能否扮演好双重角色,以及由此给人带来的代理人与当家人的推论,不再是乡镇政权是否违反了村民自治的法律规定,将村级组织作为自己的行政腿脚,等等。主要的景致将是乡村两级政权在基层行政过程中是否能够有效配合,将国家的方针政策和行政任务落实到农村基层。由这幅图景,引起我们关注的就自然是上级政府那"千条线"能否顺利地穿进基层乡村这"一根针",而不是为了顾及理论的规范而背离现实的需要,使乡村之间相互打搅,乱作一团。实话实说,这幅图景是乡村两级基层干部为我们提供的,也是笔者在乡镇待得久了,看得最多,也想得最多的。

上述两幅图景无疑是矛盾的,因为这两幅图景中的主要景致完全不同,而且由此导引出来的结论和思考也全然不同。但十分有意思的是,不论你持哪一种话语,看到的是哪一幅图景，却都可能对当下乡村关系的现状不满，甚至于持一种否定的态度。例如，若依前两种话语，人们会认为，目前的乡村关系与由法律（具体地说就是《中华人民共和国村民委员会组织法》）规定的"指导与被指导"模式的乡村关系名不副实，因为乡镇政权在事实上并没有将村委会作为一级自治组织，而是将其视为自己的行政下属，并认为这是造成目前村民自治效果不彰的一个重要原因。而依后一种话语，人们却可能会认为，正是目前这个"指导与被指导"的规定，"搞乱"了本来比较"顺畅"的乡村关系，导致乡政运行中的诸多困局和梗阻。即是说，一方面，真正的村民自治不可能，却又不能不勉力为之。于是，便假作真来真亦假，假戏演得多了，自己也烦，就迁怒于上级，说是上级不了解下面的情况，政策不实事求是，搞形式主义，逼得下面不能不作假。而另一方面，不可能的村民自治又由于受到法律和政策的支撑，在不能理顺现实中的乡村关系时，却制造出许多新的麻烦来。如乡镇权力受限，面对一些地方的"恶人治村"、宗派活动、贿选以及黑金政治等现象，缺少办法，被捆住了手脚。其实，在当下，站在乡镇干部的立场上，他们所看到的也许就是这样一幅十分尴尬和不伦不类的"乡政村治"的关系实态。在这样一种实态面前，一些原先尚对中国农村社会主义民主化的前景持一种支持和理解态度的乡镇干部（请注意，他们当中的相当部分人有大专以上学历，文化水平并不低，如果再考虑到他们在大学时代所受到的教育，形成的眼界，似乎也不好认为他们天生就具有某种宰制的偏好，缺乏现代的民主素质），也开始由怀疑村民自治是否能真正落实，进而对于发展农村基层民主，也开始感到某种困惑。就如一些基层干部所认为的那样，发展村级民主是好事，但不能让基层组织做不了事，更不应该把乡镇干部置于如此尴尬的地位。

这是乡镇干部之错吗？显然不好简单地这样认为。乡镇干部为了谁，不也是为了国家和农民吗？人们不是常说乡镇政权是国家的根基吗？让我们做一个人类学式的主位思考，设想自己就是一个乡镇干部，当你成天奔波于乡野田畴，却又处处遭遇掣肘之时，你会选择哪一种话语，又持哪一种立场呢？很难设想此时你会单单为了宏大的远景而放弃对现实问题的关怀。

村民自治是好的，这种好不仅有它对于改良农村治理的一面，而且更有为学界朋友所赞颂和分析的对于国家发展的一面，但今天的乡村环境如何过渡到明天的乡村环境，的确是一个比这种追求更为现实的、更加关乎当下乡村治理的问题，因此，不能否认，这个关系到当下乡村治理的问题对于广大农村基层干部而言，比那种力图扯着自己的头发离地飞翔的有关乡村关系的改革思考来得更为切实。

这一类切实的问题很多。例如，如何在市场化进程中扩大招商引资的力度，又如何培育农地的规模化经营，对于广大中西部的乡镇政府来讲就是两个相当现实而又重要的问题，熟悉情况的人大概都会同意，这几乎是中西部农村从根本上摆脱贫困状况的不二途径。那么，在村庄空壳化和农民原子化的乡村社会结构下，谁来承担此一功能，谁又来为这种引资和培育制定游戏规则与创造环境？从整体上看，答案恐怕只能是基层政府，而不是村庄和农民。一个久居乡镇的朋友对笔者做了一个假设，他设想一个地方同时拿出两块土地招商引资，一块由政府越俎代庖，代为主持，另一块严格按村民自治的精神由村委会按"三自""四民主"的原则主持，结果会如何呢？那位朋友大胆地断言，由政府主持的那一块，恐怕难免不对农民进行剥夺，但它却有可能会成功，从而最终使农民和村庄获利（哪怕与政府的获利相比较，他们所获得的只是中利或小利）。而由村庄主持的那一块，却极有可能会因为某种集体行动的困境，甚至连招商引资的方案都拿不出来；即便是拿出来了，开发商也未必敢来。因为任何一个精明的商人都不太敢与一个缺乏行政权威和效率的村级组织打交道，更不愿意与它背后那意见不一的几百户农家打交道，因为这要么可能谈判成本太高，很不经济，要么根本就谈不成功。这个假设也许只是一个非此即彼的两极化推理，真实的情况肯定远不是这样简单，但由此我们却看到了一个悖论，即政府的介入可能难免不损害农民，但是，如果没有政府的介入，甚至那种经历损害之后的希望都无法得到。由此，笔者也按照那位乡镇朋友的两极化推理，做了一个进一步的推论：与其无希望地贫穷，不如有希望地受损。当然，这样说肯定又会引来许多人的批评。

又如，无论我们是如何地心怀仁慈，却都不能不承认，只要是走市场化之路，只要是招商引资和搞农地的规模化经营，那么，资源的分割以及在这种分割中绝对意义上的农民利益受损就是一个不可避免的事实。而我们所能够承受，又愿意承受的，便是将农民在市场化过程中的相对被剥夺感和不公正感降到最低。这就要求我们要想办法遏制资本的恶的天然倾向，想办法尽可能在与资本的争利过程中最大限度地维护作为弱势群体的农民的利益，而要做到这两点，在中西部现实的乡村环境下，如果不靠政府，还能期望有其他的组织化力量？有人说，要依靠农村社会的中介组织；更有人说，要恢复和组织农会。这些想法也许都很好，但问题是在现实的社会结构中，实现这些目标的路径依赖在哪里？即是说，乡村的中介组织如何发育？如何起步？农会又如何恢复？在这一切都暂时没有答案的情况下，想一想目前内陆农村那一盘散沙般的马铃薯状态，恐怕也只有基层政府才能承担此一功能。

乡村两级的公共物品供给也同样是一个十分突出的问题。但凡做过中西部农村基层组织调查的人都会发现两个并存的现象，一方面基层干部队伍的确存在问题，如冗员甚多，人浮于事，"撞钟"和"混点"现象十分严重，但另一方面农村的公共品供给又严重匮乏。这与目前中西部农村基层政权的财力不足直接相关。解决之道似乎有二，一是减员增效，将养人的钱用于办事。但是在目前城市下岗失业现象已经成为影响社会稳定的一个重要因素的情况下，那种外科手术式的精简机构的改革思路其实副作用也很多，它的实际效果是政府向社会甩包袱，是一种强者对弱者、上级对下级的牺牲。因为说到底人多并不是政府部门的特点，而是整个中国社会积几百年的人口发展所必须面对的国情，不考虑这个基本国情，而一味强调以市场化所讲求的效率至上原则来处理问题，在官本位和权力本位的逻辑依然影响着整个社会的运转时，所谓机构改革和精简并不能有效地解决机构臃肿的问题。因此，我个人以为应该慎之又慎，至少应该将这一过程的时间拉长，将众多的矛盾消化在时间的长河之中。二是强化乡镇财政，加强乡村两级基层政权建设，而不是如目前的一些改革思路所设想的那样反其道而行之。其他的道理暂不用讲，只要设想一下在方圆一两百平方公里的地区，5万—15万人口的地域内，能不能没有一个有效行政、有效生产和输出公共品的基层政府，其道理就已经是不言自明了。所以，减员增效虽然很好，但是在总体资源有限的情况下，维系社会结构的变中有稳，却可能是更为理性的。这其实也是一种统筹发展的思路。

可见，站在那些学院派知识分子的立场上，我们可能更多看到的是一种应该怎么样的理想的乡村关系，而站在乡镇第一线立场上所看到的，则可能是如何解决当下现实问题的乡村关系。两者有联系，又有区别，如前者告诉人们乡村关系应该怎么样，后者则指出当下只能怎么干，它们分别提供了理想的明天与现实的今天的两幅不同图画，虽然说各有道理，但却也折射出两者各自的局限，而期望沟通学界与政界的学者的责任，就是要设想一条如何从今天平稳过渡到明天的道路，这才是乡镇朋友们所最为需要的。

当然，笔者绝不是说为了迁就现实就可以忘记或者搁置目标，而是说再理想化的目标也得找到脚下的路。弄清楚了这一点，确立乡村政治发展的理想目标就仍然是有用的，因为它至少能为我们改造现实提供一把标尺。此外，就现实的乡村而论，政权建设与政治民主也的确应该是乡村政治发展的双重目标。例如，我们强调要依靠基层政府和加强基层政权建设，那么，谁又来监督政府，使其在权力的运行过程中不坑农，不滥权，这早已不是一个价值和理念层面的问题，而是一个必须要解决好的现实问题。只要联想到一个强有力的政权与一个至少同样强有力的资本面对无组织化的绝对弱势农民的力量对比实态，从而在一些地方的现实中衍生出种种对农民利益的牺牲和侵害，而所有这些行为又几乎统统都是打着发展和公意的旗号在公开进行时，我们除了期盼进一步增强民主和民权，还能期盼什么？未必只能去期盼那昨天仍然有效，但是在今天却可能不再管用的明主与青天？更不要说从村治的层面看，相当一些地方以"村组织自治"代替村民自治，不仅未能实现村治的改良与民主，反而可能还弱化与蚕食了党和政府对农村社会的管理能力，削弱了政府利民和富民政策的效用，从而有损于政治发展。因此，笔者无疑也是赞同村民自治实践所散播出来的基层民主和社区自治精神的，尤其赞成以村民自治的精神将村级组织置于村民的有效监督与约束之下，真正落实农民群众对村庄事务的知情权、决策权、参与权和监督权，使村级组织真正发挥现代公共权力组织的职能和作用。而笔者所要提醒的，只是那些不愿吃苦、不愿深入田野、成天坐在摇椅里从事"三农"问题研究的学者，不要再以一个理想化的乡村关系来代替对于真实的乡村问题的研究，也不要人为地把加强基层政府的职能与完善村民自治制度对立起来（从近代西方政治发展的经验来看，国家权力向基层社会的有效渗透和传统基层社区权威向现代地方公共权力组织的转型，也正是所谓"国家政权建设"这一过程的两个不可分割的有机构成，更不要忘了，就是目前被人们所普遍肯定的中国农村的村民自治，从总体上看，其实也是一个政府行政推动的结果），更不要过多地指东打西（当然也不是绝对不可以），拿乡村关系来说其他的事儿，否则，他们的研究离抽象的乡村民主化可能越来越近，但离当下实际存在的乡村问题却可能越来越远，离人们所愿意看到的乡村社会的善治、民主和农民的维权也会越来越远。

写于 2004 年 9 月

也谈乡村社会的政权建设

提及乡村社会的基层政权建设,人们不陌生,至少从20世纪80年代人民公社解体以来,它就一直是人们关注的一个话题。不过,那个时候,人们不说是政权建设,而是说体制改革,于是,就有了"乡政村治"格局下的村民自治和乡镇体制改革及其研究。记得有那么几年,农村基层政权的改革好像不仅仅是关乎农村和农村研究的问题,更像是一个关乎中国和中国研究的大问题,因此,其一举一动总会牵动整个知识界的视线。结果,心有所骛,载荷太重,就不免进入一种自下而上的民主话语自我建构的境界。对于相当一部分人来讲,这种话语建构与农村的现实关切如何,暂不清楚,但至少离他们的理论预期不远,于是乎,有人便提到中国的研究几近进入一个言必称乡村民主的"草根时代"。当然,细心人都知道这其实是一种略带几分谐谑的说法,所以才有"热闹中的冷想"一说(参见《读书》2001年第3期,张鸣文)。当然,如果不作如此解读,也可以反过来正解为学界进入了一个让农村和农民来为国家发展投石问路的年代。

中国农村似乎总是在晚近以来的历史中扮演某种特殊角色,毛泽东同志提出"严重的问题是教育农民",即改造农业和农村,而不是被其所改造。改革开放以后,农村基层政权建设的构想便回到国情之中,成为关乎乡村的问题。

于是,又有学人开始从乡村自身去另寻"草根民主"的价值,并且还真有人由此中看出了门道——眼下的改革,是否就是近代以来乡村社会之"国家政权建设"(state-making)在新时期的延续和承接?由此视角,村庄的选举,便被他们视作国家通过其在乡村社会权力合法性的再构,以完善基层政权的建设。这些学者对如何弥补后公社时期基层政权在乡村社会的能力缺失十分重视,因此,他们从近代以来乡村基层社会权力结构的变迁去寻找论据,帮助人们在历史和当下之间建立起连接,于是,原来被誉作"无声革命"的村民自治,在这里又被编织进了国家权力下渗基层社会的历史脉络,与 state-making 攀上关系。

其实,"国家政权建设"是一个舶来的概念,它原本对应的是一段欧洲政治发展的经验。按照张静先生在其著《现代公共规则与乡村社会》一书中的说法,它特别指分散的、多中心的、割据性的权威体系逐渐转变为一个(以现代国家组织)为中心的权威结构。从时间上看，这即是一般史书上所讲的民族国家的建构，而从空间上看，它又往往表现为近代意义上的权力结构不断集中和不断向基层社会扩张的过程。海外汉学界中的中国近代史研究者感觉似乎也可以用这一概念来照应中国乡村的政治变迁，而其基本着力点，就在于借此来分析近代以来地方社会如何出现一个以国家权力为中心的基层社会权力结构的重组，以及这一过程对传统"绅治"秩序的弱化和替代。不过，这多是历史学家的视野，与现实研究无关，而20世纪90年代以来的国内学界将此一概念引入到当代乡村基层政权研究，却有他们自己的新解。它所强调者，不是历史研究中所着意要凸现的"官治"对"自治"的解组，而是为了说明"草根民主"在弥补后公社时期治理真空中的作用。也就是说，他们借用这一概念所要突出的，已经不是村民选举对于中国发展的路径效应，而是其可能具有的重塑乡村公共权力合法性的功能。这样，在农村基层政治的研究中，又出现一种有别于宏大国家关怀的底层取向，它所对应者，正是20世纪90年代以来中国乡村基层治理功能不断弱化的困局。

　　由此，便生长出另外一种对于农村基层政权改革的定位，其功用首在治理，而非民主。当然，我知道这种硬性的区分也许有以偏概全之嫌，因为现代治理观所讲求的公共权力合法性转换基础上的权能运作绩效，本身就内含了公民权利保障和大众政治参与的成分。不过，国家政权建设概念此时被一些人所使用，的确是要借这一概念来凸显与加强基层民主理路的乡村体制改革所不同的思路，即欲借"治理"一词来强调如何救治和缓解因为乡村基层公共权力弱化所导致的种种问题。应该说，这些问题也是真真切切的，诸如前些年一些地方村庄公共品供给缺失，村庄公益事业废弛，农民因为公共权力无为而面临种种从生产到生活的困窘，当前在新农村建设中又如何发挥公共权力的作用，等等。既然学界已经有了以国家政权建设的思路来考量近代乡村发展的前提，那么，这种救治和缓解的现实努力自然也容易形成其向历史反溯的意向，并依此重新整理近代以来乡村政治发展的逻辑及其得失成败。这样一来，一些新生代学人不仅自认为打通了当下的乡村治理举措与晚清以降的乡村社会国家政权建设的关系，似乎还重新挖掘出人民公社实践在这一政权建设历史序列中的位置与价值。因为谁也无法否认，人民公社时期正是国家权力向基层社会的渗透和管控最为得力的时期，这种得力不是表现在它曾经努力扮演过的"桥梁"作用（这种通往未来之路的尝试似乎不再愿意被今人所提起），而是它将基层社会拧成了一股绳。如果说，这种势能在20年前曾经是学界所检讨的对象，那么，在现今一些人的眼里，却可能正是其要被重新整理和强调的价值，尤其是当他们在痛感因"权力无助"而导致的当今乡村治理弱化之时。结果，依此标准，一种重新被发现（整理）出来的历史逻辑便被呈现：大集体时期标志着自近代开始的乡村社会国家政权建设进程的成功和结束，而20世纪80年代开始的治理变革，反倒可能是某种退化。因为人们在无法看到外在权力秩序之于乡村社会无所不在的约束之时，却看到了农村中所面临的种种问题，而这些问题又被一言以蔽之地归因于权力退出状态下的村庄原子化。于是，当新世纪初有人开始思考农民善分还是善合的问题时，作为救济之道，便有人开始期盼权力对于农村社会的重新介入，且以为要解决农民合作的问题，非权力的大力涉入，无有他途。

虽然还未看到这种呼唤有否被我们的地方政府所采纳，可若单就认识的发展线路来讲，思想的历史确实在这里出现了一个拐点，当20世纪八九十年代的学界在全力反思全能主义（totalism）之弊时，仅仅在短短的20年之后，似乎又有人要将历史折回到它的起点——这样说我也以为太夸张，准确地说应该是有人想要在历史的武库中去寻觅可以缓解当下问题的利器。这一轮回来得如此之快，让我们这些过往之人有些来不及适应。难道当初的反思错了？中国乡村社会只配被捆绑起来，才有望奔向幸福康庄的大道?

问题当然不会那么简单,而且也没有人会如此天真地看问题,但关键倒不是我们如何对待历史(尽管这也十分重要),而是应该如何来应对现实。在这方面,我们的确面临一个似乎是悖论的选择。从现实来看,因权力不足而引致的问题确实存在,但这显然又不是酿成当下乡村困局的全部原因,因为人们同样也可以找出因权力强悍而导致的乡村和农民受困的大量案例。可见,面对复杂的现实,任何单向度的解释都显得单薄无力,或者反过来讲,目前学界所存在着的对权力制约和涉入这两种不同的主张,或许各自都能找到自己的理由。学界显然已经没有了20世纪80年代那份单纯的批判性自信,人们意识到,当下农村诸多困局的缓解,可能既与限制权力过深的涉入有关,又与改变权力的消极无为相连。一方面,权力如何摆脱历史的运作惯习,仍然是改善农村和农民状况的基本前提;而另一方面,增加权力的作为也确是克服乡村治理弱化的必要举措。所以,面对不同的态度和立场,尽可不必去苛责谁不面向现实,谁又缺乏历史的体验,因为我们确已经难以单凭遏阻权力来保护农民,也同样难以单凭弘扬权利去推动发展,缺乏权力的扶助与缺乏权利的保障,可能都是乡村社会中农民在日常生产和生活中所要遭遇的真实问题。

无疑，深入的农村调查既能让我们看到摆脱全能型治理后农民在自由、自治和自立状态下所获得的解放，也能让我们目睹他们不时仍旧会遭遇权力侵害的无奈；既能让我们找到因权力扶持而脱贫致富的案例，也会向我们展示因权力无为而任凭市场风雨吹打的乡村社会的凋敝。各种情况同时存在，几乎很难厘清谁是促进发展的动力，谁又是加重问题的根源，或者不如说它们在相互的交切与强化中共同促成了成绩与问题的生成。所以，要厘清对立两极间矛盾与悖论共生的困惑，便不是要做单向度的思考，也不应该是在回到权力的深度介入与维持无为的守夜人角色之间再做非此即彼的选择，而是要进一步厘清乡村社会中公共权力的运作特性、功能及其绩效之间的复杂关系，并在此基础上寻找改良与完善之策。所以，在治理实践中，我们究竟要规范和制约什么样的权力，又要改善和提升何种权力运作的功能，才是应该思考的正题。在这方面，英国学者迈可·曼（Michael Mann）的权力二分理论可能会对我们有一定的启发。迈可·曼把国家权力分作两个层面，一是强制性权力（despotic power），即国家在不必与市民社会各集团进行例行化、制度化讨价还价的前提下自行行动的范围（range）；二是基础性权力（infrastructural power），即国家渗透市民社会，在其统治的领域内有效贯彻其决策的能力

治理素描

（capacity）。（Michael Mann, *States War and Capitalism*, Oxford, Blackwell, 1988）这提醒我们去进一步注意乡村中基层权力运作之不同项面的关系。无疑，在乡村社会的权力运行中，同样可以细分出强制权力与基础权力两个方面，前者标示着公共权力相对于社会和农民个体所具有的无可挑战的势能，后者则相当于我们所说的公共权力对社会所承担的公共供给与服务职能。以此线路来思考乡村权力运行中两者的关系，笔者发现，我国乡村社会中的公共权力（包括国家在乡村社会的正式权力设置和代表国家行使村庄治权的社区自治权力）运行似乎受到历史惯习的影响，往往表现出一种整体主义的特征（或者也可以被叫作大一统），即其强制性和基础性两个方面关联密切，难以剥离，往往是一进俱进，一退俱退；一荣俱荣，一衰俱衰。即是说，要么以强制性权力作支撑，基础性权力表现得强而有力（如人民公社时期那样），要么当强制性权力受到约束，或有所减弱之时，基础性权力也相应被削弱甚至崩解（如前几年一些地方的情况就是如此）；反之，为了重新增强基础性权力，似乎又只有再去寻求强制性权力作支撑，哪怕因此而牺牲农民的基本权利。由此，我得以理解现实乡村社会中两类全然不同的权力运作现象并存，以及由这种并存所造成的种种权力运作之混合效果的原因。一方面，强制性权力已经极大地隐匿于后台,并不时时示人以威慑,但总体上却仍不受社会制约,仍然存在着很大的自主行动空间,所以,当某些基层权力组织在市场状态下想要将自己变为牟利工具时,其所具有的权力势能会非常容易地帮助它们达到目的。这最为明显地表现为在征地等开发性事宜中农民缺乏基本的谈判能力,只能听任政府组织对利益分割做出安排。而另一方面,基层权力的供给与服务能力受财政和政策环境等因素的限制,又被极大地消解,致使市场经济中处于弱势地位的农民常常因为缺乏公共权力这只"有形之手"的扶助,而遭受"无形之手"的"折磨"和"蹂躏",并且也会因为缺失公共品有效供给与服务,而让村庄公益事业陷入瘫痪、半瘫痪的境地。

这可能只是对一些最为极端的状态所做的分析,其中自然省略了公共权力造福于民这一更为基本和主流的事实,但是,这些极端的状态和事例却可能产生相当消极的影响,从反面去形塑乡村社会的治理生态。我们说,农民也要分类,其中也有不是"省油的灯"者,这些人动辄会用"弱者的武器"来与强势的权力抗衡,从而使硬统治遭遇软抵抗而减弱其效能;又有人说现在"无公德个人"的泛化改变了乡村治理的社会和文化基础(参见阎云翔著《私人生活的变革——一个中国村庄里的爱情、家庭与亲密关系 1949—1999》,上海书店出版社

2005年版），使以村庄公共伦理与需求为基础的公益职能在普遍私德的包围中难有作为。其实，这些同样属于特殊的事例和状态即是这一特定治理生态的陶塑物。什么样的社会生态磨炼什么样的生存技术，有自由无权利者在遭遇侵害时最节约成本的反应自然是弱者武器的运用，而被遗忘的底层原子化生存状态，更是普遍催生转型期无公德自利行为的温床。这一切，都既与强制性权力仍旧过强有关，又是基础性权力遭到消解的结果。更有那些不是"省油灯"的农民（更为准确地讲可能是由某种既无权利保障，又无社会责任意识的"准丛林"状态所塑造出的典型原子化个人），往往会为一己之利而利用种种制度裂隙与政策不接轨来"反制"国家之于乡村治理的种种努力，如像前些年那样隐匿土地数量、拖欠税费，像近些年在土地开发中利用各种可能的机会捞上一把，甚至利用"缠访"等非正常手段步步营利等，就都是这样一种状态的极端化表达。站在局外的角度，可能会以为这些都是农民的正当维权，但深入农村做实地观察，却发现它们更可能是由于治理不能正常施展而孵化出来的一种个人对社会的逃逸与不合作，或者说是行为者对社会及其公共权力的一种基于个体而非集体理性的"反制"，即行为者以牺牲普遍伦理和社会公意为代价以求自利。因此，这种农民的"反制"在削弱基层政权治理绩效之时，其实也牺牲了社区的公共利益（如果近距离看，还会发现行为者可能也在挥霍社会对弱者的同情心），从而使治理失效，也使治者和被治者陷入一种从长时段看来是"双输"的权力博弈中。

可见，对于乡村社会中公共权力运作的特征以及由此塑造的官民关系，绝不可轻率地做非此即彼的定位，前述两种单向度的主张，应该说都各自看到了问题，却又都有可能忽略掉问题的另一面，即当我们强调农民的权益时，我们可能会忽略他们在脱贫致富过程中需要权力扶助的必要性；当我们强调权力介入的必要性时，却又有可能会陷入对权力的迷恋。而如果我们不再对权力持一种整体主义的观点，我们就得承认，当下的乡村权力格局在强制能力的展示和公共职能的履行两个方面其实都存在迫切需要改善的空间，该"弱"不"弱"（受到规制），该强不强（提高行政效能）的错位也许才是对其总体特征一个比较准确的描摹。进一步讲，正是这种该"弱"不"弱"，该强不强，才导致"强政—弱民""弱政—弱民"及"弱政—'刁民'"模式的交叉并存，可能是目前乡村中国家与社会及官民互动关系更为常见的实践类型。在这个意义上，简单地把乡村社会的官民互动特征说成是"官退民进"或者"国家与社会互强"，可能是一种建构性的期盼，却未必是现实的乡村图景。

有鉴于此，如果还要以政权建设的思路来规范和引导乡村的治理变迁，至少应该将其视为一个公共权力自身的双向互进，即基层政权一方面要不断形塑自身的公共性，其运政受到制度规约；另一方面则要不断提高和完善其作为基层公共组织的供给与服务职能，当然，与此同时也意味着农民要公民化，既能享有权利，又具备公民的义务、责任和道德伦理。这是一个官与民相互塑造的过程，但矛盾和责任的主要方在前者，在当下中国乡村社会，毕竟是它掌握着现代规制与村民文化培塑的主动权。

这些并不都是我的发现，而是历史的经验，历史经验未必有普世性，但却可以有借鉴性以及对现实的引导性和规范性，在这个意义上，历史，包括历史经验，确又可以构成人们当下实践的前提。而有感于"政权建设"一词在汉语语境中总是更易于引发人们对诸如"增强""强化"及"扩张"权力效能的单面想象，而易于忽略这一概念中本来内含的对权力制约、授权来源重构那个"元历史"的价值积淀，所以，为避免因词蔽义，我以为，不如就将权力和治理的变革叫作治理转型更好。转型的概念更容易让人联想到权力合法性重建及治理之道的重新探讨，也包含了增强和改善基础性权力功能等一系列内容，不易失之偏颇。所以，在此敬上一言：乡村社会中"政权建设"的概念，不用也罢。毕竟，相对于历史上的欧洲，当下中国乡村社会所更需要的，不是一种去家族化和去分割化的政权公共性建设，而是治道的变革。

写于 2006 年 12 月

农地征用中基层政府的角色

随着当下城市建设的速度和规模加大，城乡接合部地区各种招商引资和开发中的农地征用日益增多，其中，农地征用的补偿标准，往往成为这一过程中引发政府（主要是乡镇政府）、村级组织和农民三方利益冲突的焦点。而为学界诟病者，乃地方和基层政府在这一过程中的深度卷入与越俎代庖以及借此截留土地补偿款，与农民争利。对于这种状况，初时笔者以为，目前我国的农地在制度规定和实际操作中所存在着的模糊与偏差，以及官本位思想影响下强国家—弱社会的力量对比态势，是造成农民无力维护自身权益的重要原因，但细细深究，却又感觉未必如此简单，政府的深度卷入和越俎代庖的背后，似乎也还有着某种不得已而为之的"被动"与"无奈"。

按照现行法律，我国农村土地属于集体所有，这一规定肇始于人民公社时期，公社解体后，土地经营方式从联合性的集体劳动转变为个体承包经营，虽然形式发生了很大变化，但基于国情，根据宪法和农村土地承包法，土地的制度性规定并没有改变。然而，面对千家万户的承包农户，人们会发现此集体已非彼集体，此时的所谓集体，其实已无任何整体性的社会载体可言，制度化的集体土地与个体化的农户经营，已经造成了土地权属关系与经营关系的分离，一家一户的分户经营，已经使任何单一个体的农户或者一群农户再也无法作为集体的载体来显示存在和表达利益。此时，他们仅仅只是村庄中的一个或者一群村民，哪怕一个村庄中95%的村民，也仍然只能被视作无数个体的集合，不能被当然视作集体本身。而在更为通常的意义上，村民其实就只是作为集体土地的承包者，或者"租种者"而存在的——土地的承包经营证就是这种关系的最恰当的表达。于是，无形之中，集体所有制便已经发生了由大集体时期的集体所有、集体使用到当下实际上的村庄所有、村民使用的型变。这一制度性型变，看似更加彰显出村级组织作为集体土地所有者的法人地位，使基层政权和土地开发商们在土地的征用和买卖中不用与单个农民打交道，而是直接面对"村政权"（功能而非体制上的），从而节约了谈判的成本，但是在实际上，对于那些既无集体经济支撑，又已经不能有效施展集体的政治和社会治理功能的村级组织而言，却是根本就没有能力在土地的开发或被征用过程中集合村民意志，代表他们与开发商进行谈判和交易的。这种村级权威的缺位，加之乡镇政府对村级组织实际上的管理关系，恰好给名义上是村政指导者，而实际上是领导者的乡镇政府进入并主导村庄利益，留下了充分的理由和很大的空间。政府往往会以发展地方经济这一全局性的公共理由，不请自到，名正言顺地主动介入土地的开发与征用，并且在这一过程中取代村级组织，成为介于开发商和农民之间的卖方的真正主角。结果，土地征用和被征用以及买卖过程中价格的确定，往往不是在征用单位（或买方）同村级组织之间进行，而是在乡镇政府（背后还有更上一级政府）与他们之间进行，对农户和村庄的补偿，也相应地由原本应该发生在村庄和开发商之间的讨价还价，变成了一种政府内部的行政决策，基层政府在这个时候实际上就扮演起土地商人的角色来了。

上述过程是政府代替村庄和农民做主的过程，这个越俎代庖的过程在农民看来显然又是政府参与土地利益分配的过程。农民甚至还会觉得，在各种土地补偿款的利益分割中，政府得了大头，农民和村里只不过是得到中头和小头。从这一农民和村庄主位的观点出发，我们看到，政府以地方发展这一公共性理由，轻而易举地便将本来已经是徒具虚名的土地集体所有制变为了实际上的土地的属地"政府所有制"。此时，土地权属关系已经发生了变化，政府反客为主，成了土地的主人，村民和村庄反倒"客居"为土地的经营者和管理者。在这种由政府支配、政府决策的卖地与补偿格局中,农民虽然也得到一定数额的劳力安置费、土地经营权补偿费以及土地附着物与青苗补偿费,但他们所得到的与他们在失去土地之后重新创业时所要面临的风险与支出相比较,却可能根本不成正比。因此,他们自然会觉得很不公正,要与其他地区攀比,由此,纠纷遂起。这一类纠纷往往成为当下开发区官民纠纷的重要内容。同样,村里得到的也不多,只是政府划拨到村里的土地补偿款中的一小部分。但在目前大多数内陆村除了卖地再也找不到其他致富途径的情况下,这个小头也许足以维持村政的开支,并使原来空壳化的村级经济稍有积累,因此,村干部们在明知无力为农民和村庄争取更大利益的情况下,往往会满足于眼前的利益,满足于为这利益而充当政府的跟班,帮着政府去做农民的工作。在这种情况下,村级组织与其说还是农民利益的代表者和捍卫者,还不如说他们仅仅只是政府的助手,是替政府的开发扫清障碍的清道夫。此时,不管有多少听起来似乎是很不错的有关所有权和自治权的理念与制度设计在支撑着他们,使他们本应发挥完全不同的作用,他们却实难这样做。而失去了村里支持的所谓民与官争,在多数情况下即如散兵游勇,难成气候,最多也就是以土地的集体名义,向政府出几个难题,以希图从政府口袋里再多掏几个小钱出来。历史和日常生活的经验都告诉农民,民终究是拗不过官的,所以,那句自古以来就管用的"民不与官斗"的俗语便派上用场了。只要稍有所获,农民们也见好就收,于无可奈何之中"得胜收兵",皆大欢喜地满足了。此时,他们也许已经意识到土地所有权的移位,也许还没有;但意识到了又有什么用,连村里都无能为力,村民还能代表集体吗?

的确,征地过程中基层政府与农民和村级组织的争利,再明显不过地暴露出我国现有农村土地制度属性上所存在的矛盾。面对一个静态的制度性文本设计,我们尽可以设想集体土地制度的优越性与公平性,但是,评价一个制度及其效应,不能单看它是如何书写,更重要的是要看它如何运作,以及这种运作可能产生什么效果。一个制度所能够体现出来的真实关系和属性,只有在动态的和运行的过程中才能够得到最为权威的验定,而正是当下城市建设和土地征用开发中农用土地的被征用与被买卖这一土地权属关系的流转过程,才再清楚不过地将农村土地集体所有制的"虚空"性展现在人们面前。在这里,人们看到,在一些时候,集体在实际上只是一块标牌,政府的权力意志才是更为切实,随时让人实实在在感受到的存在。于是,人们发现,文本上书写的,可能恰恰是实际中缺乏的,而实际中正在发生的，却又恰恰是制度文本上找不到依据的。这是否就是人们所说的那种潜规则？弄不明白这种潜规则，就会反把本来是清清白白的现实弄成越来越迷糊的理论。

然而，分析若只是到此为止，似乎又失之于偏颇，因为上述思考的理路一定程度上还主要是站在农民和村庄的立场，以所谓"国家—社会"对立的学理框架进行梳理的结果。如果换一个位置，从国家主位的角度考虑，我们又会发现政府的主动进入与越俎代庖似乎又有几分不得已而为之的无奈和被动。试想一下，在当下这种名合实分的小农化格局下，一盘散沙的农民能自己代表自己吗？村级组织能有效地集合和表达村民的意志吗？一位在乡镇工作多年的朋友以抗旱为例，提醒我注意当村民在陷入集体行动的困境之后村级组织的无能。是的，抗旱要钱，但一些地块处于水流必经地的农户却往往不愿交钱，因为不交钱也照样能够享受灌溉的好处。村里兴修公共工程也是这样，往往因为一两家农户的不配合，整个项目就只好告吹。对此，村组织又能有什么办法？更不要说征地这样的事，涉及各家各户各不相同的复杂利益，缺少了经济资源和政治控制权能的村级组织可以说是无法应付的。另一方面，你做不来，我也怕与你做，征地或买地的开发商，也同样不放心与村级组织打交道。只要设想一下开发商面对着众口难调的个体农民，

治理素描

要么付出极其高昂的谈判成本，要么干脆就一事无成时，我们便可以理解他们之需要政府和村级组织之需要政府的同样理由了。这个时候，政府的介入和强力行政也许反倒就成了开发成功的前提条件。也就是说，政府一方面是不请自到的，而另一方面，在目前的情况下，他们还不能不来，来了不唱主角也不成。上面提到的那位乡镇朋友就做过一个假设，如果在同一个地方划出两块一样大的地，一块由政府主持开发，另一块按我们知识分子的想法，以村民自治的方式，由村级组织来主持招商，你想想会是一个什么样的结果？是的，但凡真正了解农村实情的人，都不会怀疑政府开发的那一块地可能对农民的补偿不公正，但却可能成功，而由村里主持开发的那一块，却可能会因为要顾及公正的缘故而迟迟拿不出招标的方案，就是好歹拿出来了，开发商却可能根本就不敢来！现实极有可能就是这样残酷，具有法律依据的可能根本就无法操作，不具有法律依据的却可能又是目前的唯一可行之道。结果，到头来无论是农民还是村组织，都不得不让政府来代表他们。尽管这种代表并没有办理任何法律上的委托—代理手续。

进一步说，所谓政府得大头，农民和村里得中头和小头的说法，可能是对的，例如，政府通过截留农民利益，得以弥补财政不足，确保了乡镇干部的工资和奖金。但也有可能这只是一种笼统的数字印象，而没有将此比较置于土地征用与开发的具体情景之中。例如，在政府所得的这个大头中，实则又可以进一步细分为两类：一类是必须上交上级相关部门的各种规费，如耕地占用费、复垦费、有偿使用国家土地费以及各种办证的手续费；另一类才是留给乡镇政府支配的，而这其中又可能还得包括乡镇政府必须要拿出来投资待开发地区基础设施建设的费用，例如至少实施包括"三通"（路通、电通、水通）在内的前期基础工程，将生地变为熟地（只有这样，地价才上得去，开发商才进得来）。这笔钱是要事先投入的，而且也只能由政府投入。先期投入，钱从何来，还不是羊毛出在羊身上，仍然要从政府卖地所得的这个大头中出。这样一算细账，政府这边的大头究竟能大到哪儿去，就是一个不可一概而论的问题了。但农民却不见得会这样去思考问题，他们会认为凡政府所做的都是他们本来就应该做的。这样，基层政府很可能就是既做了事情又落了骂挨。

不过，一些学者还会坚持，这一切均是因为集体所有制的"虚空"所造成，如果土地是私有的，整个开发就将是另外一种状况，以为正是目前所谓的"集体所有制"才造成了政府介入以及由此而生的麻烦。果真土地的化公为私就能够消除这些麻烦吗？恐怕未必。我们当然可以设想在土地私有化的情况下，政府、开发商与农民的互动可能会是另外一种模式，如果我们仅仅只把对私有化的考察局限在这一点，而暂时不去考虑它的其他社会效果，那么，必须承认，土地私有至少使政府征用土地和开发商购买土地时无法绕过作为土地主人的农民，当这些土地的征购者们面对的是千家万户的谈判对手，而不再是一个看似集体代表，实则只是政府下级的村级组织时，谈判和博弈的成本无疑比现在要大得多，至少似乎必须遵循起码的市场游戏规则，按照买卖双方大致都可以接受的条件进行。但是，熟悉中国历史和现实的人都知道，事情恐怕又远没有那样乐观，只要农村社会中政府与农民的力量对比态势仍旧是一种政治、社会、经济和文化的现实之时，即使是土地的私有化也仍然于事无补。历史上历朝历代官府兴建大型公共工程时，总能够在很短时间内迅速征集到大量土地的事实就是最有说服力的例证，这些例证显然表明了官民之间的所谓"交易"的不公正和非市场化。另一方面，我们也很难设想面对一个细碎化的土地私有格局，开发商可以不需要政府的帮助就能够顺利地与农户打交道，就好像很难设想他们现在面对同样细碎化的土地"集体所有制"而可以不求助于政府一样。在我调查过的地方，我就看到过租地搞生态农业庄园的老板仅仅因为无法满足个别农户的条件而不得不绕道划界的情况。可见，无论集体还是私有，只要是小土地经营，那么，在土地的征用和开发中实际上就都无法绕过政府。所以，眼下我们实际面对的，仍然是这问题多多，却又不可能迅速改变的小土地经营的现实，而农地征用中的政府介入以及由此而生的种种正负结果也仍然是我们必须要面对的现实。

问题就这样回到了起点：一方面是集体所有制的"虚空"以及无法消除的土地细碎化经营；另一方面是作为既代表属地公共利益，同时又有着自身利益考虑，并且可以运用强势权力把这种考虑变为现实的基层政府，诸种因素相互缠结，互为因果，便不可避免地将经济学家们所说的那只"有形之手"积极或消极地、主动或被动地引入到征地和开发的过程中。在这个过程中，我们已经很难分清楚究竟是制度缺陷与非均衡的官民博弈所带来的侵蚀农民利益的负面效应更大，还是政府主动地为民做主对推动地方发展的正面作用更显著。我们所知道的，只是这种正负并存、优劣相交的悖论的存在，即政府的进入和作为既可能是农民利益受损的原因，却又可能是农民得利的前提。你要想得到它的好处，也就要同时承受它的坏处，现实并不允许你只想得利不想受损，要么全要，要么全无。这倒有些像"诺斯悖论"所表述的，国家的存在对于经济增长来说必不可少，但国家又是人为经济衰退的根源。也许现实就只能是这样既矛盾又复杂地存在和发生,人们所能做的,只不过是在这种主动和被动、有为与无奈以及损益之间的权衡与平衡。

写于 2004 年 6 月

局促的改革空间

——一个学者眼中的乡镇机构改革[①]

刚结束的全国"两会"上,温总理在《政府工作报告》中强调实行工业反哺农业,城市支持农村的方针。在2004年、2005年中央连续出台的两个针对"三农问题"的"一号文件"中,分别强调了"促进农民增加收入"和"提高农业综合生产能力",乡镇机构改革并没有被作为重点来提及。

中国乡村治理中心的吴毅教授认为,虽然几大文件都没有直接提及"乡镇机构改革",但无论是增收还是增产,还是工业反哺农业等政策,都直接与乡镇基层政权的运作和改革有关。比如,促进农民增收就涉及"农村税费改革",而税费改革就必然涉及乡镇机构的改革和完善;再比如"构建和谐社会",中国大部分的农村地区要构建和谐农村,也必然涉及乡镇机构管理和服务的职能改革和变化。

---

① 本文系《南风窗》特约记者田享华对笔者的采访,由田享华整理。

为此，记者采访了吴毅教授。

实地感受"中度发展"

《南风窗》（以下简称《南》）：我了解到您为了研究乡镇机构改革，曾经只身在农村蹲点将近两年。

吴毅（以下简称吴）：2003年3月至2004年末，我选择了湖北武汉周边的一个中度发展的乡镇——H镇，进行了为期近两年的田野观察，目前，我仍然通过当时建立的信息渠道，关注H镇的最新状况。

通过亲自跟随乡镇干部收税、征地、治水和处理纠纷，亲历基层行政的运作过程，希望在对内地农业型村庄有所认识之后，能够对我国中度发展乡镇的行政运行有所理解。

《南》："中度发展"是一个什么概念？为什么选择"中度发展"的H镇？

吴："中度发展"是一个质性的判断，相对于东南沿海和西部，湖北是一个中度发展的省份，而武汉周边的乡镇也是中度发展的典型代表，它们多处于从农业型向工商型转化的过程之中。

我认为"中度发展"的乡镇在全国更具有普遍性和代表性，也是乡镇发展的重中之重，目前学界对此研究并不多，基于这种考虑，H镇进入了我的视野。

H镇是湖北武汉市某区下辖的一个乡镇，它有三个特征：一是农业大镇，没有大型工商业，全镇大约6万人，面积约200平方公里左右；二是地处省会城市边缘，发展机遇相对较多；三是借城市扩张的机遇，通过土地开发，尤其是出卖土地，获取乡镇发展的资金（2003年其财政收入超过千万元），但这些土地都还是原生态的土地，地价比较便宜，2003年底的时候，每一亩也就是4万至5万元。

《南》：调查的情况如何？

吴：为了便于说明问题，我将调查分为两个阶段，即2004年中央"一号文件"公布之前与发布之后。在前一个阶段，H镇大量农民外出务工，男性中青年留在乡村的很少，但是他们中的相当部分不是到东南沿海打工，而是在武汉市区就近觅职，因为作为特大城市的武汉还是能够提供相当数量的就业机会。这些人平时较少回到农村的家。

大量中青年离开农村，直接导致农田抛荒严重，据统计，在2002年，H镇就有8400多亩抛荒及赋税悬空的农田，占计税面积的1/10强；在这个距离市区仅一个多个小时车程的地方，可以看到成片的荒芜土地，地里蒿草丛生，村庄人迹难觅，乍一看真是令人触目惊心。

《南》：国家对于农田抛荒不是有处罚规定吗？难道抛荒的农民不担心受罚吗？

吴：在连农业税费都很难收缴上来的情况下，何谈罚款？即便有，处罚的条款也几等于形同虚设。

重点、难点在收税

《南》：那个时候乡镇干部主要在干什么？工作的重点和难点在哪里？

吴：从乡镇的工作节奏来看，可以将农业型乡镇的政府视为"季节性政府"，即乡镇工作的强度有季节性变化。一般而言，上半年相对较闲，下半年，尤其是9月秋收之后，就忙碌起来。在农村工作主要围绕征收展开的日子里，所谓忙与闲，主要就是由征收来决定的，这个不言自明。

此外，乡镇干部的工作从内容来分析，可以分为中心工作和非中心工作。中心工作是指随形势而展开的工作，比如2003年的"非典"预防，现在的"保持共产党员先进性教育"，以及一些突击性的检查评比；而如收税这样的常年性工作，则属于非中心工作。非中心工作并不意味可以等闲视之，收税正是他们工作的重点和难点，在收税任务必须确保的时候，收税对于乡村两级构成了很大的压力。此外，乡村也面临发展的任务，比如农业结构调整、兴修和维护水利设施、促进乡镇的商贸开发等，这些工作也要牵扯乡镇政府的很大精力。

2004年以前，为了将农业税费收上来，镇财政所按每村一个专管员的比例配备干部，H镇有近30个行政村，仅专职收税人员就有近30人，再加上其他干部（如会计、出纳之类），一个乡镇财政所就有四十来号人，机构超编不言而喻。但这仍然不足以解决征收难题，如果要下村收税，除了财政专管员，往往还要带上乡镇挂村干部、村干部和小组长，即使这样，完成任务也仍然困难重重，到最后往往不得不依靠乡村两级垫税。

《南》：也就是说为了收上税，必须要很多干部，而很多的干部也意味着需要更大的开支，这样又需要收更多的税费？这不是一个恶性循环吗？

吴：基本情况是这样，这在低度发展的乡镇最为明显。不过在H镇，由于有卖地的收入，政府干部的工资还是可以按时足额发放的，这也是中度发展乡镇的一个特点，干部们一个月的收入一般超过千元，如果工作年限长，还要多一些，这在湖北已经属于中等偏上了。但业已超员的干部工资始终是乡镇财政开支的重头戏，毕竟卖地的收入也会有限，能卖的地也有限。

《南》：2004年"中央一号"文件出台后，农村税费改革和粮食流通体制改革都进入了新阶段,农民的状况有何改观?

吴:对"一号文件"的优惠政策,农民非常欢迎,土地抛荒现象明显减少。但是,如果据此推断已经彻底消除了抛荒问题,则未免过于乐观。因为种田的收入是极其有限的,就算是实行种粮直补和减免税政策,农民收入的提高也十分有限,尤其是现金收入不多。

而农民子弟要上学,老人要看病,中青年夫妻要建房,这些都是十分沉重的负担。所以,外出务工仍然是农民的首要选择。而缓解"三农"问题在当前可以说就是要解决农民的"钱袋子"问题。

"我不同意激进的观点"

《南》:随着农业税的减免,乡镇干部的工作重点和难点是不是也随之改变,这也就意味着乡镇机构必须启动改革的进程?

吴:的确如此,乡镇机构能改的的确也都改了,但这并不等于改革的任务已经完成。乡镇机构改革主要指向两个序列:一是非政府序列,二是政府行政序列。前者是"七站八所"等经济与社会管理机构的重构,从形式上看,站所改革容易到位,H镇除了民政、计生、财政等单位确实因实际工作需要而仍旧单独设置之外,其他站所大都裁撤合并,人员也在分流,一些人虽然还保留了工作关系，但在经济上也已经另谋出路。原有的站所现在大多只有站长、副站长一两个人还在上班。

不过，一刀切的"减法"改革也不是没有后遗症，例如大量的人员被抛向市场和社会，而在中国这样一个人口超大国家，以这种改革来处理在某种意义上是由于社会总人口太多而造成的复杂问题，就可能在解决旧有矛盾的同时，又制造出新的社会矛盾。不过，乡镇领导对此已经无能为力，因为这已经超越出他们的能力范围，涉及一个总体上的改革战略选择问题。

《南》：改革难点在哪里？

吴：机构改革的困难主要集中在政府行政序列中的工作人员比较难以分流。一般而言，既然能在政府里干，就总有些关系，而且大多经过程序性选拔，有正式的工作关系，如非某人恰好因为过失而被开除，或者因年龄大而被鼓励提前退休外，要对行政干部实行分流减员，实际上存在着很大困难。

结果，为了完成上级规定的减员指标，就只能采取通过加工资鼓励提前退休的办法，由此一来，机构改革减员增效的本意，却也可能导致增加行政成本的后果，从而加剧乡镇财政困难。这也是为了改革的长效而不得不付出的代价。

《南》：不少学者提出要一揽子解决乡镇机构超编问题，甚至提出"撤销乡镇机构"，只设立县级政权的派出机构，或者实行社区自治，您是否同意？

吴：我不同意他们较为激进的观点。机构超编是几十年积累下来的问题，而且它更主要是社会总人口过多在基层行政层面的反映，所以只能采取循序渐进的办法逐步解决。我的观点是在解决一个社会问题的同时，不能再制造出新的社会问题。例如，大量被裁减的基层干部多是乡镇社会的精英，如果改革完全不考虑他们的利益和现实困难，对于社会的长治久安十分不利，从政治学角度讲，基层精英的疏离往往是底层社会既有的潜藏矛盾被诱发的催化剂。

对于乡镇机构人员过多的问题，主要应该通过"扎口子"，也就是严格定编，然后通过逐年退休或鼓励提前退休的方式，将问题分年化解，这是一个缓进、稳重的过程，即使我们因此将不得不延缓矛盾的解决，也不能过于急躁冒进。绝不要以为一个"分"字，一个"减"字就能够包治百病，否则，我们无非是将行政层面的问题推向社会，看起来解决了一个问题，实际上却又制造出若干新的矛盾。在中国这样一个人口严重过剩的国家，市场并不能够有效解决转型社会中资源与人口的均衡分配，任何改革方案都必须考虑到这一基本国情。

"减员"不是目的，"增效"才是"减员"的目的。现在许多学者只将关注重心放在"减"（减员、减机构）字上，对于当下乡村组织治理能力不断弱化的一面却视而不见，这在一定程度上已经扭曲了改革的方向，并且有可能会解构既有的乡村秩序。形象地说，一个政府缺少过度财政汲取的能力对于农民固然不是坏事，但如果因此而同时也缺失了治理能力，在无法"做坏事"的同时却也丧失了做好事的基本能力，那就堪忧了。现在中央强调加强执政能力建设，乡镇政权如何加强执政能力是横亘在我们面前的一道理论和实践难题，学者们应该把这视为改革中的一个真问题。

政府职能重新定位

《南》：改革之后，H镇现在的机构运转和政府工作主要是什么？

吴：改革之后，现在的政府已经由过去的"接受任务"变为主动"找事情做"。因为解除征收压力为服务型政府的定位创造了条件，也增强了紧迫性，只有当政府能够真正有效地为地方社会提供公共品服务的时候，它才具有存在的合法性价值。

有个例子最能说明问题，H镇在传统上并没有大面积种植薹头的习惯，但是政府基于市场调查和引进企业的类型，动员农户连片种植，并且采用政府担保和"公司＋农户"的模式推广，现在已有15万亩，年产10万吨的规模。

《南》：但是以前也经常有乡镇干部"逼民致富"，造成恶劣影响的事情发生。

吴：随着中央重农、安农和稳农政策的大力推行，乡村基层干部也都学聪明了。不要说农业结构调整这一类施惠于民的好事一定要注意方式，就是连国家应该向农民征收赋税这一类既让农民不高兴，又令乡村干部头痛的任务，在中央政府严厉禁止强制性征收的三令五申之下，也都没有了前些年的执行力度，收不上来也大都算了，甚至宁肯收不齐，由村里或乡镇政府垫付，也不再去找农民的岔子。结果，前几年那种"牵猪子，撮谷子，拔房子"的场景已经没有了。

但是，新的任务对政府的管理方式和领导水平提出了考验。比如说"种植藠头"，由于农民的经济基础脆弱，不愿冒风险，政府为了消除群众的顾虑，以种种优惠措施确保农民包赚不赔，这也导致政府行政成本不合理的增加，由"诱民致富"导致"政府致负"。政府好事办得越多，负债也可能越多，显然这并不符合市场经济中政府公共职能的定位。所以，应该如何处理好服务农村与创造政府形象的关系，也是乡镇领导应该重视的问题。

《南》：H镇最新的改革进展如何？

吴：就全省范围看，乡镇机构改革就行政系列这一块看，尚未有新动作，目前主要在搞保持共产党员先进性教育。

从今年的政府工作报告看，中央的提法是合理定位乡镇政府的职能，而非"取消"乡镇政府设置。在没有农业税的情况下，所谓合理定位职能，我的看法就是要定位于发展和服务的职能。围绕发展做文章，也正是中度发达乡镇与贫困乡镇的最大区别，后进乡镇的主要问题是要解决开门运转的问题（因为经费严重不足），而前者在目前来看，就是要搞好开发中的领导和服务。

在中国的现实情况是，政府在引入资金、引进项目、关系建立等经济发展中起了非常重要的作用。中度乡镇的特征是开门运转不成问题，但发展的头绪繁多，所以，也有另一个意义上的经费不足问题。主要矛盾，我个人认为是如何处理好发展中的农民利益维护，因为在经费相对不足、开发所需要资金又很多的情况下，可能会牺牲农民的一些现实利益，如补偿不到位，截留一些补偿资金等。

采访结束时，吴毅向记者表示，经过近年的调查，他对"三农问题"有了更深的理解，"三农问题"是伴随中国现代化的历史进程而产生的复杂问题，已经历经了一百多年的历史，而且还将长时期地考验我们的智慧和行动能力。

他表示,"三农问题"不可能在我们这一代一劳永逸地彻底解决,而乡镇治理目前所面临一系列问题的复杂性与相互牵扯性也与此有关,所以,我们的改革空间实际上是十分局促和有限的,我们只能在这样一个局促有限的空间中平衡左右,顾及前后,三思而后行。因此,必须注意克服各种激进的和理想主义的改革方案。

写于 2005 年 5 月

从群体性事件看基层社会的官民关系

近些年来,群体性事件成为地方和基层治理中需要认真对付的问题,由此,人们也开始反思由这些事件所透射出来的基层政权建设中存在的问题,反思基层的官民关系。许多时候,为什么一些起因简单的矛盾纠纷,只因一时处理失措,经过传言发酵与情绪宣泄,便会激发出激烈的官民矛盾,甚至酿出将矛头指向政府或基层权力组织的打、砸、抢、烧等暴力事件?而更为重要的还在于,为什么诸如此类的社会泄愤,在近些年来竟会成为基层社会一种越来越不罕见的"新常态"?对于这些问题的追问,虽然离不开对各类事件具体原因及其是非曲直的判断,但是,有一个共同的问题是我们必须要面对的,那就是改革开放以来地方和基层政府的角色变化,以及由此对官民关系所造成的影响。

的确,改革开放在促使地方经济高速发展的同时,也造成了基层官民角色及其相互关系的变化。对于基层政权来说,其中变化最大者莫过于作为一个独立利益主体的形成。既然一切以经济建设为中心，上级围绕经济发展来考核下级，下级围绕"经济锦标赛"体制来建构发展目标，那么，对于仍然掌握着资源配置优先权的政府和基层权力组织，很自然便会将自己变身为以追求地方可支配财政收入增长为主要目标，在地方发展中越来越具有经营驱动性的权力—经济的复合体。这种现象，在政治或行政学教科书上当然不会讲，但却是来自于日常经验的真实观察。既然地方上主要以经济发展论政绩，以财政增长拼晋升，地方和基层政府表现出愈益显著的营利性，便是十分自然的事情。因此，地方治理的过程，也就往往成了对资本和资源的权力化经营过程。而相形之下，因全能型治理模式的功能减退以及民众经济生活的日益独立，地方和基层政府在公益输出与服务能力增长上的努力，反倒是没有那么抢眼。

与此相对应，伴随着改革的深化，老百姓作为独立利益主体的地位也在同步彰显。因此，官民互动模式必然出现某些变化。不过，这种变化倒未必如一些学者所言是一种"官退民进"或者国家与社会的互强，即所谓权力的公共性与民众公民意识的同步成长。事实上，就民众而言，单纯的利益主体地位也未必一定会导致公民意识与权利地位的增长，后者的产生需要更多的条件。所以，如同一些田野观察所揭示的，当人们无法有效维护自己的合法权益时，单纯的利益增长未必会换来权利与责任意识的增强，反倒可能为机会主义的增长提供温床。因此，从利益和实用主义出发处理官民关系，所谓"有产有业不求你，交了税费不欠你，想啥做啥不干你，有了问题便找你，出了问题更骂你"，便成为一些地方民众对待基层政府和干部的基本态度。这样一来，队伍自然不好带了，虽然全能型治理模式在弱化，但新型治理模式的成长不仅需要时间，更需要环境，而地方、基层政府为追求稳定与政绩，根本无暇他顾。这样，在不少地方出现矛盾纠纷，尤其是官民之间的利益之争后，政府要么垄断利益，采取零和博弈策略，要么以利制利，通过利益输送摆平理顺。这就造成了官民关系在尚未改变"官控民"模式时又平添了若干的"官求民"情景，即为了化解矛盾，政府和基层组织不按规则出牌，而是借助经济手段和非正式资源去摆平。结果，当做的不做，不当做的做了，甚至越轨违规也要做，不然就摆不平、理不顺。长此以往，当然能化解一些矛盾，但也因此积累下不少问题，其中就包括稀释了政权的公信力。结果，如果工作中哪个环节出错，出了意外，就会引发矛盾，引起群众不满，甚至激发出群体性事件。

造成如此复杂困境的一个重要原因，与改革中地方和基层政府在权力配置与运行上的"全进全退"特征有关。所谓"全进全退"是基于政治学对权力运作状况所做的分析。如英国学者迈可·曼（Michael Mann）的观点，任何公权力都具有"强制性"和"基础性"两个维度（Michael Mann, *States War and Capitalism*, Oxford, Blackwell, 1988），如果我们将前者视作国家相对于社会所具有的权威势能，那么，后者则包括其对社会所应该承担的公共服务职能。然而，由于权力高度集中的格局很难被破除，其配置与运行仍然具有整全性特征。也就是说强制性和基础性两个方面仍然关联紧密，难以剥离，实际运行中往往是一进俱进，一退俱退；一强俱强，一弱俱弱。即政府要么依赖强制能力作支撑，保障其基础能力，要么强制能力受到约束，基础能力也因此被削弱，权力主体只能作为秩序守护者甚至利益垄断者而消极存在。反之，若要想增强政府的基础能力，又只能回过头去重新寻找强制权力作后盾。结果在实践中呈现的，便是当政府的全能型治理逐步消减之时，其基础性供给与服务职能受财政和政策环境等因素变化的影响，也被极大地消解，曾经的权力巨人一夜之间似乎变成了除收税之外很少作为的"守夜人"。这导致在地方发展中处于弱势地位的一部分民众，尤其是农民，因为缺乏政府"有形之手"的扶助，而常常只能任由市场这只"无形之手"去操弄，而当政府又在有特色的市场经济中以有形之手去扮演无形之手的功能时，弱势者便受到了双重的操弄。

由此，如何能够建构起基层政府的权威性与公信力？又如何可能优化地方治理的能力？进而言之，当民众已经将政府视作社会经济生活中众多利益主体中的一个，且时常感受到这个利益体会运用其所拥有的强制力和垄断性来与民争利时，又如何会对其保持高度的信任？这其实就是社会转型时期一些地方的基层政权组织所面临的困境，也是引发群体性事件的一个重要根源。由此，我们得以理解，为何在许多涉及官民纠纷，甚或根本不涉及官民纠纷的事件中，部分民众会那么容易被传言所困惑，为何那么容易，或者说愿意相信民权、民利遭受侵害的指责，尽管这些指责未必都属实情，可人们就是宁可信其有而不愿信其无。例如，刚刚过去不久的瓮安事件便最为典型地说明了这一点。应该说，事件中的大部分参与者本身没有啥政治的目的，更无预先的计划和组织，可传言一起，便致群情激愤，更致行为失范，甚至不惜以违法破坏来发泄对权力部门的不满。人们相信传言，原因可能各异，但究其根本，地方或基层政府缺少作为公权力的公正性认同乃是最为根本的原因。可不幸的是，上述情景又几乎是诸多群体性事件发生的标准模板。

毫无疑问，每一次群体性事件都会给地方经济社会的发展带来负面的影响，但是，此类事件中最大的受损者其实还是当地的政府和基层权力组织。无论群体性事件的具体结局如何，作为当事一方的政府或基层权力组织的威信都会大为受损，造成公信力的负向积累。而在一个普遍不信任的施政环境中，很难想象会有官民之间普遍的正向互动。因此，与因偶然事件而爆发的群体性事件不同，更多对于基层政府的不满会在日常的官民互动中以"弱者的武器"形式表现出来，即以各种形式的不配合、消极抵触等来损耗治理资源，降低治理效能；或者导致无公德的自利行为充斥于日常公共生活之中，民众表现出对社会公益的无责任感。可以想象，当"弱者的武器"和无公德自利行为形成氛围时，即便公权力付出全力，善治也是一个难以达成的目标。而如果公权力再被视作一个有自身特殊利益，甚至与民争利的行为主体，被认为是垄断了社会资源的分配，以非规则手段进行治理时，即便有老百姓在某一件具体事情中得了利，恐怕也很难真正建立起对权威部门公信力的认同。由此，从顺民到刁民再到暴民的循环，就可能成为基层治理中让人头痛的问题，它实际上也就构成了下一次群体性事件的社会基础。

其实，无论是社会泄愤的突发性事件、日常的弱者抵抗、无公德自利行为，还是地方灰黑势力利用制度与政策的裂隙反制政府；或者反过来，基层政府与权力组织应对矛盾纠纷时在花钱摆平、私下勾兑、拦访和将公安机关推上风口浪尖,以强制手段解决矛盾之间的来回摆动,这些都反映了地方和基层治理中民众不信任公共权威,而且作为公权力构成的基础性权力遭到削弱、强制性权力不受制约这样一种双向消解的治理失效。这种治理失效,实际上意味着治理相关方(官民)的日常互动非常容易陷入一种负向博弈的"双输"。其实,地方上的每一次群体性事件,都是这种双输的集中反映。

可见,透过近年来频繁发生的群体性事件而展开的对基层政权建设的反思,切不可仅仅从组织控制力的强弱去寻找原因,更不该从强化控制力的角度去思考对策。应该深思的是在改革开放以来的治理变革中,官民关系究竟发生了哪些新的变化,出现了哪些新的问题,为政者应该如何顺应新的形势,从根本上解决这些问题。必须承认,当下基层社会中公权力的配置与运行在强制能力与基础能力这两个方面都存在着亟待改善的空间,该"弱"不"弱",强制性不受规制,充当与民争利的工具;该强不强,基础性能力欠缺,无法为民众提供良好的公共服务,只能以非正式规则弥补;这乃是导致诸多治理困境产生的根源。而这又导致民间社会从弱民的不配合、无公德自利行为泛滥到"刁民"的反制,从而在一些地方的治理中出现"强政—弱民""弱政—弱民""弱政—'刁民'"以及"强政—'刁民'"（经验分析而非价值评价）等诸多官民互动中非正常模式的交叉并存。这让官民的互动充斥着赤裸裸利益争斗的丛林景象，一切围绕对力与利的追逐而展开，不仅缺乏政治文化正当性的支撑，更没有可持续性。

有鉴于此，从现代国家建设的角度寻找完善之道，只有去除公权力组织所具有的经营性，才谈得上增强其公共性，这包括不断提高和完善公共供给与服务职能，对强制能力进行符合现代民主与法治的规制。只有让政权在确保对社会有效服务的同时，完成其作为公共权威主体的塑造，才可能让民众从消极无为的顺民或激进抗争的"悍民"，转换为以法治和契约精神行事的公民。虽然说现实中的官民关系从来是官民互塑的结果，民众素质的提高也很重要，但是，矛盾和责任的主要方仍然是在官而不在民，因为是它掌握着制度与政治文化培塑的主动权，也掌握着对民权、民利尊重和保护的责任权。

写于 2008 年 7 月

底层游戏

催收与拖欠

　　征收农业税费是国家对村庄治权的体现，也是国家汲取资源的基本方式之一，而税费交纳则既是作为公民的村民对国家治权的承认，也是这种承认在经济上的体现。然而，在南方一个村庄调查的时候，我却发现就是这么一桩天经地义、从来如此的事情却正在变得复杂起来，在村里，少数村民不是将上交税费视为天然的义务和责任，而是将其当作向乡村公共权力表达意愿、要求服务和维护自身权益的工具，乡村组织面对村民的拖欠，也变得束手无策，缺少办法。这究竟是怎么回事儿？

　　原来，税费收取的过程关系到了基层政府、村级组织和农民三方利益的实现和表达。在像某村这样的农业地区，基层政府与普通农民的制度性关联较之于大集体时期大为减少，而村级组织受集体经济短缺因素的影响，也已经很难向村民提供有效的服务。结果，在客观上便出现了基层政府和村级组织只向村民索取，却很少向村民提供服务的局面。由此一来，乡村干部在村民眼里就成了"索讨者"而非服务者。这种角色显然很不受村民欢迎。我交了钱，你就应该服务，否则，你凭什么向我收钱？看来，村民已经有了某种类似"社会契约"的意识。因此，当他们感到乡里和村里没有提供服务，或者损害了他们的利益，而自己又没有更好的办法来维护这一利益的时候，拒交或者拖欠除农业税之外的"双提款"，就成了部分村民表达意愿和维护权益的基本工具，这就叫作"经济资源的非经济运用"。

这些以拖欠"乡统村提"来表达意愿和维护权益的少数村民被干部们视为"大社员"，意为"蛮横不讲道理"的人，所谓大者，特殊者也。因此，"大社员"在实际上等同于"刁民"。但是，我发现这些所谓的"大社员"其实颇有见识，他们大都有一些文化，也懂得一些政策法规。正因为如此，他们知道国家近年来三令五申地强调不得以任何形式增加农民的负担，更不得以强制方式向农民收取负担。"大社员"在这种政策和新闻舆论的造势之中发现了拒交与拖欠行为的"合理性"和可能性，所以，他们给自己找的拒交理由十分充足，行动的分寸感也把握得很好。首先，他们从来不拒交和拖欠农业税。他们说："农业税是皇粮国税，自古以来，农民向国家完粮纳税，天经地义，而且，国家的政策是好的，我也不会不交农业税。"其次，他们也知道自己这种相互拉扯的小道理抵不过应该完粮纳税的大道理。所以，他们从来不表示不交"双提款"，而是反复强调，"不交是迫不得已，现在不交不等于以后不交，只要问题得到解决，损失得到弥补，马上可以补齐历年的欠款"，表现出了一种弱者的以退为进和"有理""有利""有节"的姿态。

但是，站在乡村干部的角度看，以拒交和拖欠提留作为表达意愿或者与乡村权威讨价还价的做法显然没有道理。"这完全是扯横经，胡搅蛮缠。""各种税费的数额是由政府统一规定，并不是由着谁想不交就可以不交的。"否则，政府的任务如何完成？乡村干部的工资如何保障？政府的权威又往哪里放？但话虽然是这么说，对于少数"扯横经"的"大社员"，乡村干部还真的有些没有办法。若是在前些年，他们完全可以凭借着权力强势甚至是身体暴力，对这些"蛮不讲理"、与政府和村里作对的人采取强制措施。但是，在现在这种大气候下，大概没有哪一个聪明的基层干部愿意冒险这样干了，因为搞不好农民就可能要上告，惹出大麻烦来。无奈之下，干部们开始向"大社员"学习了，你不是搞东拉西扯吗？你搞得，我就搞不得？！于是，干部们以其人之道还治其人之身，运用手中的权力，在欠款村民要求政府或村里办事的时候，也祭出"相互拉扯"的撒手锏，将补交提留作为办事和解决问题的前提条件。

在村里,这种手法已经成了如今的干部们在与"钉子户"打交道时经常采用的一种权力技术,不管这样做是否站得住脚,但有时候倒也的确管用。你不是要我为你办事吗?先补交欠款,否则没得商量。结果,村里不少棘手的事情还都这么给解决掉了。

然而,如果说"相互拉扯"的民间权力技术成了如今一些地方乡村干部的"撒手锏",那么,它反过来也会伤害到乡村自身。因为当乡村组织在舍弃(或者说丧失)正式的权威资源,转而借用一种具有很强特殊主义色彩的民间权力技术的同时,它也就同时使自己的公共权威形象民间化了。这种公共权力形象的去公共性意味着公共组织所掌握的治理资源的丧失,意味着政府和乡村组织被农民牵着鼻子走,意味着公共权力的私化。这种局面对于政府和村庄利益的实现显然十分不利。首先,拒交和拖欠这一不法运作的成功是具有扩散效应的。因为拒交和拖欠款项的人不受惩罚,就会使循规蹈矩的人觉得吃亏了,于是,拒交和拖欠行为可能会像流行性感冒一样传染给其他循规蹈矩者,拒交和拖欠的面可能会扩大。实际上,这种推理已经被更大范围的观察所证实。其次,如果催收与拖欠的博弈游戏按照农民订立的规则进行,它也会损害到乡(镇)政府与村级组织的关系。从乡镇的角度看，它可能会诱使乡（镇）政府在没有其他更好解决办法的情况下，以经济理性的原则来处理乡村两级的利益分配，即运用目前乡（镇）对村实际上的领导与控制关系，以各种积极性的经济奖励和消极性的经济惩罚措施（在这方面，对村干部工资发放的控制是一个十分重要的手段）督促村庄每年按时与政府结清各种统筹费用，以确保乡（镇）一级的利益不受损失，从而使乡镇权力经济化。在现实的格局下，乡镇是完全有能力做到这一点的，这样，农民拒交和拖欠的后果就将全部或者主要由村里来承担，从而在乡（镇）与村之间造成一道利益不均衡的鸿沟；随着拖欠数额的增加，这道鸿沟还可能进一步加深。在现实中，这甚至也成了村级债务的一个重要原因。在一些地方，为了完成上级的税费任务，村干部不得不向民间高息借款，致使村级债务越背越重。从村的角度看，乡（镇）的经济理性和村干部自身利益的体制外身份，会不断增强村干部的边缘角色意识，使他们明显地感受到自己的体制外身份，从而拉大政府与村干部之间的心理距离。这种心理距离拉大的后果，从理论上讲，既可能使村干部很难认真履行政府下达的任务，尤其是征收任务，也可能诱发其为维护自身利益而采取"搭便车"行为。在目前的村政结构中，"搭便车"是极为方便的。结果，村干部既难履行好国家利益代理人的角色，也很难承担起村庄事务当家人的职责，他们或者转化为一种"赢利型经纪"，或者因为既无法代理，又无法赢利而成为一个做一天和尚撞一天钟的"撞钟者"。而无论产生哪一种情况，都意味着村政的懈怠甚至是危机。

催收与拖欠的"游戏"意味着，在一些农业型地区，目前的乡村组织也许正面临着治理资源缺失的困境。

写于 2004 年 10 月

农民"种房"与弱者的"反制"

随着城市化进程加快,城市的规模不断扩张,城市征用周边地区的农村土地成为一个不可避免的趋势。与这一趋势相伴随,出现了一道非常独特的景观,一些城乡接合部地区的农民趁开发未到之前,纷纷抢建住房,其中,除一部分是因为各种原因确需修建,又为政府部门所同意的外,更多的是没有得到政府批准的违章建筑。对于这股在待征农地上刮起的抢建风,人们戏称为"种房"。

农民为何要"种房"呢?一种解释是要趁开发谋取暴利,"种房"的农民自己也不讳言这一点,按他们自己的话说,就是在"赌开发",即借"种房"捞取开发补偿。由于开发补偿有一定的标准,而且标准至少都在当地建农家住房成本价的一到两倍以上,所以,一旦"种房"成功,也就等于发了一笔财。因此,"种房"实际上又是农民的一种投资(机)行为,对此,人们又戏称为"种粮不如种房"。

问题在于,政府的开发性补偿只针对合法建房,对于各种违章建筑，不但没有补偿，还要予以拆除，果真如此，那些赌开发的农民到头来岂不是要落个赔了夫人又折兵？真是这样，这赌开发不仅无利可图，弄不好却可能连老本都搭上去了。如今是市场经济社会，人们的任何投资行为，无论合法还是非法，都以获利为预期，明知亏本的买卖谁会去做，农民连这样简单的道理都不明白？

真要是这么简单，就不会有一些地方屡禁不止的"种房"风了。在笔者居住的城市里，一方面是"城中村"的"拆违"行动搞得轰轰烈烈，另一方面，在距城市中心一个多小时汽车路程的四下乡里，"种房"风却也同样风风火火。在一些村湾，有的农户在旧房上加层，只要地基能够承受，就尽可能地往上盖，另一些农户则将房子向前后院落扩张，甚至干脆就将房子"种"到了耕地之上，以至于原来十分宽敞的村湾现在已是房屋密匝，竞相比高。农民们正眼巴巴地盼着开发商来，以便好收获他们所播种下的金子呢！

面对农民的这股"种房"风，基层乡村两级政权似乎没有什么有效的遏制手段，除了贴几张通告，组织几次巡查，间或上门警告之外，好像暂时还找不到十分得力的劝阻措施。因为"违建"一旦形成规模，要组织拆除，就必须政府干部外加公检法各路人马一起上阵，只有人多势众，形成强大压力，方才有效。但乡村政权显然缺乏这样的力量，加之考虑到稳定为上，更不便轻举妄动。因此，他们只能向上汇报，等待上级决策，而上级政府千头万绪，若非矛盾激化，酿成事端，或者亟待开发，一般也顾不过来，这样一拖，就拖出了若干段的"事实婚姻"。

农民"种房"，并非不知道自己在违章，更不是不知道弄不好会搭上老本，一句"赌开发"就清楚地说明他们在这上面所具有的风险意识。既然是赌，就既可能赢也可能输，在这里，农民"种房"，赌的就是运气。

农民其实是看准政府的软肋才下招的，这个软肋就是政府以往对各种"违建"这一"事实婚姻"的默认。"事实婚姻"的出现，简单地讲是当初政府不作为，但具体分析开来，却又可能存在着各种导致政府当初不想作为或不能作为的原因。如害怕激出民变，影响一方稳定；又如，一些地方村组干部带头"种房"，个别乡镇干部私下收了别人的好处，下不了手，其他群众便纷起效尤；再如，乡镇机构改革之后，原来主管建房审批的乡镇土管、城管机构运转经费无着，人员等待分流，以至于偌大一个乡镇内竟可能找不到一个主持建房审批的公务人员！而村组干部身为农民，既无行政权威，更不愿意得罪乡邻，你要建就建吧，我没有同意，却也没有看见。于是，在一些内陆城郊的乡镇，竟然出现了在建房审批方面的无政府状态。闸门一旦松动，洪水就倾泻而出，最终等乡镇政府发现事态严重时，就已经不得不面对着成片违建房拔地而起的事实了。

农民不是弱势群体吗？为何人们在这场"种房"风中所看到的却是他们得寸进尺，步步进逼与反弱为强呢？是否农民已成刁民，政府反倒成了人见人欺的软柿子？好像也不是那么一回事，农民无论作为一个阶层还是个体（这里当然不包括那些实际上已经不是农民的"农民"大款），其弱势地位不仅为全社会所公认，连他们自己也清楚得不行。而我们政府的威权，那也是谁都马虎不得的。世所公认的最弱势群体居然敢同同样世所公认的具有世界上最强行政权力之一的政府赌博，那些农民还真的就吃了豹子胆？！

整体上弱势的农民之所以能够"变弱为强"，居于局部强势，在于农民"恰到好处"地运用了两件武器：一是以牺牲自己的脸面来诱导社会的同情与怜悯；二是以"弱者的武器"无视社会的规则。正是这两件武器，使得强势的政府在面对弱势的农民时有些进退维谷，并反为其所"制"。

一幢违章建筑，如果当时不及时拆除，三年五载，甚至八年十载之后，新房变成旧房，不仅早已成为农民当然的家，有的还连片连栋地发展出新的居住社区。在这些新社区中，早已形成新的人流和物流，不仅居住着众多的人口，还形成了相应的道路、市场等设施。面对这样一个人口众多、经济活跃的社区，对于任何政府，都不是一个"拆"字就能够简单了断的。这就好像一个计划外生育或非婚生育的孩子，并不能仅仅因为是违规和违法出生，就可以"杀无赦"。所以，面对一片已成事实的"违建"，即使要拆，政府往往也得根据不同情况，给予不同补偿，否则就难以处理，形成老大难问题。人民的政府自然不会随意拿人民的物质财产不当回事儿，新闻舆论和学界基于对弱势群体的同情，也往往倾向于以鼓励政府承认"历史事实"的方式来处理"违建"问题。笔者参加过一个"拆违"与"城中村"改造的学术研讨会，不少与会学者与老记们就引经据典，或计算成本收益，或援引海外经验，总之是希望政府能够合情合理地处理这些历史遗留问题。因此，在现实中，政府所执意要强行拆除的，其实主要是那些敢于顶风而建，或存在安全隐患，或影响待建项目的"违建"，而又只有那些在政府已经下了"拆违"的最后通牒之后仍然还在顶风而上的"违建"房，才是既非拆除不可却又不能获得补偿的。这部分"违建"房大多集中在亟待改造的"城中村"，而那些尚处于未开发地段的大片"违建"，政府此时还无暇顾及。这样，当那些

乡村旧事

处于城市管理真空和半真空地带的违章建筑群在几年以后，因开发和征地的需要而进入上一级政府的视野时，已经又成了新的"历史事实"。面对着这样的事实，政府实际上很难就以一纸通告上所规定的日期，来划定哪些给予承认，哪些又一律不予补偿，非得拆除不可的。可见，"种房"农民就是这样以近乎"耍无赖"的方式，巧妙地利用强势对于弱势的怜悯，达到了自己的目的。

如果说以"耍无赖"方式造成历史事实，是力图以牺牲自己的脸面来博得社会同情的话，那么，斯科特（James C. Scott）意义上的"弱者的武器"（weapons of the weak）的运用就已经是公开地以违规来表达弱者对社会游戏规则的不合作。农民是弱势，这种弱不仅表现在自身的经济境遇以及由现行城乡二元结构所带给他们的不公正地位，而且还在更为根本的意义上表现为他们在实质上没有办法支配和拥有那本是作为他们赖以养家糊口根基的土地。法律规定，农村土地属集体所有，但是，从1949年至改革开放以来，以农村土地的实际变迁状况看，这个集体所有与其说体现为财产权意义上的所有，不如说仅仅体现为对农地耕作权的所有（无论是以集体劳动还是个体劳动的形式），一旦超越出这个范围，无论是作为集体代表的村庄还是集体一分子的个人，就再也不是土地的主人。这最为真实和完整地表现在土地的非农化转移过程中,正是这一过程,将无论是村级组织还是法律上仍作为集体一分子的农民个体的非主人翁地位展露无遗。在这个时候,他们完全不可能与开发商或征地的政府就地价问题讨价还价,此时,代表"集体"承担这一角色的是基层政府,只有政府才掌握着对土地的最终处置权。正是因为拥有这种最终处置权,在招商引资与土地开发中,政府就不需要考虑对作为土地主人的村庄和农民给予赔偿,而只是需要给予补偿!更为重要的是,补偿的标准并非取决于农村集体组织(更不用说个人)与开发商和政府谈判的结果,而只是取决于地方领导人的决策,至于政府一转手又以什么样的价格将农村集体土地卖给开发商,这就只是政府与开发商之间的事,与村组织和农民完全无关。于是我们看到,农民世世代代赖以生存的土地在20世纪50年代被"集体化"了(实则是国家化了),在当下的土地非农化开发中又被政府卖掉了。政府通过卖地,实现了地方发展与财政增长的目标,而农民在获得区区数万元的补偿之后,却从此无依无靠地被抛到市场经济的大潮之中。农民一无技能,二无权势,要以区区几万元作为重新置业转产的原始资本显然不足,他们十分清楚自己在失去土地之后的境况,所以,他们一方面盼开发(因为不开发也许更无希望),另一方面又想趁着开发这个置业转产之前的最后机会，为自己多争取一些利益，"种房"就是他们为此而下的最大的，同时也是最后的一个赌注。

"种房"是违规与越轨的，因此，"种房"的农民也顺理成章地由良民变成了"刁民"，这些"刁民"不仅"种房"，还以各种借口向前来征地的政府提出种种合理与不合理的要求，甚至还狮子大开口地漫天要价。其实，在此时，分清楚这些要求是合理还是无理，是讨价还价还是漫天要价，已经不重要，重要的是农民就是要抓住这个"跳海"之前的最后机会，从开发商和政府嘴里再多掏一点儿利出来。要实现这个目标，从农民目前所面临的生存境遇和权利表达途径看，合情、合理乃至于合规、合法的途径并不多，即使有，其成本（如组织成本和经济成本）也未必是他们所能承受的。因此，人们便看到，斯科特在分析东南亚农民反抗时所发现的"弱者的武器"，在当下中国中西部农民那里，也自然成为他们能够寻找到的一个比较方便和经济的表达存在的工具。农民们以种种不合作、违规、越轨、钻空子、打擦边球、耍无赖，乃至于非法的手段来传递自己的声音，维护自己的权利。这些"弱者的武器"虽然无法从根本上改变他们在整体上的弱势地位，并且还会反过来危及社会良知对农民作为弱者的经典形象的认同，但是却可能以一种弥散和无组织的社会行动形成对既定社会游戏规则的冲击，使这些规则部分失效，进而形成特定时空场域中的变顺为刁和反弱为强，以减少农民自身的净损失，甚至也可能因为成功地钻了政策的空子，利用了政府的责任心而使一部分农民捞了一把。从这个角度看，"种房"现象真可以说是受"世纪末"心理支配下的"弱者的武器"运用得恰到好处的经典版本。

可见，在某种程度上，"种房"农民那貌似无理与刁蛮的背后，其实深藏着他们自身所寻求的理性与道理，这种特殊的理性与道理是他们长期生活于其中的底层社会的环境教给他们的，更是为某些社会现实所型塑出来的。弄清楚了这一点，我们也就弄清楚了作为阶层与群体农民的弱和作为社区与个体农民的强之间内在矛盾的联系。很大程度上，我们完全可以这样讲，正是因为在一段时间内社会并没有给农民提供一个公正与平等地表达和维护其自身权益的机会，才导致他们中间的一部分人也同样不会想到应以一种更为合作与合法的方式，来参与对社会财富的重新分配及社会权利的表达。在前提并不合理的情况下，除非社会治理者以全控和高压方式促使农民配合，否则农民总是会以某些不配合或不合情理的"配合"来表达自己的意愿。对于农民的这种不合作，若是站在不问前提是否合理，只问程序是否正确的立场上（这往往是作为政策执行者的基层和地方政府的最典型立场），农民自然就纯属不通情理的"刁民"；但是，如果我们肯进一步去深究这不问前提是否合理，只问过程是否正确的政策究竟是合理还是不合理时，我们才能透过农民的"刁蛮"去发现他们作为社会底层的无奈与无助，才能去思考那种不问价值是否合理，只问程序是否合法的开发政策究竟是在帮助农民，还是在以一种新的不平等与不公正对待他们。

君不见一些地方的政府在加大对"城中村""拆违"力度的同时，却又拱手将农民视为命根子的土地半卖半送地交给开发商，让他们去开发各种适合人居（有人说那其实只是适合富人居住的环境）的豪宅，去建设各种能给地方领导人增光添彩的城市名片工程，去引进能给地方增加财政收入的各种企业之时，在这些豪宅、工程和企业中，又究竟有没有先建后批或边建边批的违章建筑呢？一想到这里，笔者竟对究竟是谁在搞"违建"，"违建"的标准究竟该由政府还是法律说了算，以及究竟应该先杜绝哪一种"违建"，这些最为基本的问题也犯了糊涂，因为总不能说你装个盆满缸溢就是发展，农民贪点儿小利就是在挖墙脚吧？

农民"种房"，赌的是开发，赌注却是自己的尊严，农民以牺牲自己尊严的方式来给我们的社会虚构出一个强弱"错置"的场景,并通过这一错置的场景达到以弱"制"强的目的,对于如此聪明而又居然有效的生存技术,笔者真不知道应该是欣赏还是悲哀。

写于 2005 年 4 月

"诱民致富"与"政府致负"

前些年,"逼民致富"的故事已经被讲得够多了,其内容大致都是在农村的产业结构调整中,基层政府以行政动员和指令性手段,引进某一具有市场效益的经济作物,要求农民统一种植。由于是以行政指令和长官意志为上,这一类以引导农民致富为初衷的行政动员与运作,就未必一定都会受到当地农民的欢迎和配合,极端的情况下也可能发生农民抵制甚至于反抗的例子,所以,也就有了个别地方"逼民致富,逼死农户"的传闻,以及学界对"逼民致富"现象的相应分析。

如今,随着中央重农、安农和稳农政策的大力推行,这一类因逼民致富而逼死农户的极端事件大概再难得听说,因为乡村基层干部也大都不会再如此的傻帽,为了给农民办好事而去整得别人家破人亡,最后连自己也丢了乌纱。所以,不要说农业结构调整这一类施惠于民的好事一定要办好,就是连国家应该向农民征收赋税这一类既让农民不高兴又令乡村干部头痛的任务,在中央政府严厉禁止强制性征收的三令五申之下,也都没有了前些年那种执行的力度；若是收不上来，也大都算了，甚至宁肯收不齐，由村里或乡镇政府垫付，也不再去找农民的岔子。结果，前几年那种"牵猪子，撮谷子，扒房子"的场景，也演变成如今乡村干部"打不还手，骂不还口，给钱就收，不给就走"，向农民可怜巴巴"讨与要"的"叫花子的干活"。

催与逼的事情少了，农业结构调整一类的事情却还得要多做和做好，一来这关系到一乡、一镇、一县的经济与社会发展，二来也影响到地方百姓和上级领导对基层政府主要领导的评价，总不能为官一任却山河依旧吧？尤其是后者，似乎更是影响到乡镇主要领导干部能否顺利升迁的大事。在如今乡镇合并，上一级领导岗位职数有限，干部升迁竞争日趋激烈的背景下，创造政绩，引起上级重视，在我们这个自上而下的压力型行政体制下，已经成为下一级政府主要领导行政决策的重要依据，更不要说还有那些受到上级领导的点拨与暗示，在政治上正当其道的青年才俊，也急于要干出点名堂，向领导证明自己的才华与能力，好在竞争残酷的仕途宦海中打拼出一条路，实现步步晋升的人生理想。但是，如今这"逼"的法子使不得了，而改"逼"为"诱"，或曰引导，就成为一些地方在农业结构调整中经常采用的与时俱进的好办法。所谓"诱"，就是给农民以看得见的好处，让他们自觉自愿地跟着乡镇政府走。例如，要在本地引进和推广一种新的经济作物，农民不熟悉，心里没有底，乡镇干部就带着村组干部外出参观、学习和取经；为了动员农民跟着干，就干脆连种子，有时候还要加上化肥和农药，也统统都由乡镇政府包揽提供，让你包赚不亏。总之，就是要施之以利与惠，让农户这"三军"还未动，就尝到那先得"粮草"的甜头。试想，这样一来，还怕有谁不积极跟进？

这倒也颇为符合市场社会和理性经济的精神。市场经济搞了这么多年，农民们可都是越来越讲实惠了，光靠宣传发动和思想教育，不先向农民交代清楚如何发家致富的明细账，见不着利益的事情，肯跟你走？因此，要想让农民顺顺当当地响应乡镇领导新一轮（已经不知道是第N轮了）农业结构调整的号召，不先给他们一些实实在在的好处，做一些政策上的承诺，那是很困难的。再加上乡镇选择搞结构调整的地方大都是在交通便利，易走好看的公路两旁，况且还得讲究个连片与成规模，有看相——没有办法，为了迎接上级领导的检查和邻近地区的参观学习，这也是一个很合理很现实的考虑——这于无形之中就又提高了结构调整的代价，这些地方的农民一般来说眼界较宽，劳动致富的路子也多，干部要他们搞的，他们未必会有兴趣。还有前些年那些吃够了结构调整中干部瞎指挥之苦的主儿，还偏偏就编出一个反其道而行之的处世之经，叫作什么"越是政府让搞的，越不能搞"（真是太不像话了），在这种情况下，你要是不实实在在地给农民一些实惠，让他们吃颗定心丸，这结构调整就寸步难行。再加上还有一个重新调节与组合承包土地，确保能够成片成规模的问题，这些也都不是仅仅依靠说服动员就能够见效的。因此，你就是那济公与雷锋再世，也得先把甜头摆在面前，把丑话说在前面，才会有人肯跟你走。

写到这里，笔者很有些担忧被指责为瞎说，怎么一向弱势与顺从的农民就敢跟政府来讲价钱，甚至乡镇政府还不得不被农民牵着鼻子走？这与我们早已习惯的官强民弱的思维定式不是大不一致吗？否，无论是来自于理论还是常识的判断都没有错，总体上的强弱关系也仍然没有改变，但像农业结构调整这等政府比农民还要急着办的事情，总不好再像前些年那样"以强凌弱"地逼着农民去干吧？在没有别的法子的情况下，干部对农民就只有哄着、诓着和捧着这一条道了，这一哄一诓一捧，农民的那个份儿就出来了，就偏偏要在你干部面前称斤论两了，就"由弱变强"了，这就是问题的复杂性所在（顺便说一句，这恰恰也反映出现实中的国家与农民关系远比任何理论归纳都更为复杂)。

　　好在如今的乡镇政府也都是在市场经济大潮中呛水出来的,不是说"重赏之下必有勇夫"吗?农民还远不够富,赏也不必重,政府只要能够万无一失地确保农民比现在更好就行。但这种确保不能只是口惠,还必须以合同的方式兑现。如今农民的自我保护意识已经大大提高,而一些地方的领导说过了话又忘掉的时候也经常有,所以,要让农民相信政府的承诺具有可信度,就得用合同的方式写明。这合同不但要写明白由乡镇政府负责提供种子、化肥和农药,还得写清楚政府制定的保护收购价,一旦新作物来年的市场行情比预期的差,政府就得按保护价收购,而且有多少就要收多少,绝不拒收。这一下,农民们才算是彻底放宽心,敢跟着干了。有了农户的配合,种子、化肥和农药的质量有保障,若是再加上老天爷肯帮忙,风调雨顺,这农业结构调整的成功也就指日可待了。

　　"诱民致富"式的操作较之于"逼民致富",当然是又"进步"了很大一截。于是,它被一些地方的领导总结为引导农民勤劳致富奔小康的成功经验,有了这条成功的经验,加上公路两旁那些成片成垄,十分好看的形象大田,一些基层领导的仕途便也坦荡宽阔起来。看来,这既富了民,又出了经验,还能产生干部的办法,对谁都是一条好路子,何不及时普及与推广之？有了这类成功的致富经验与能干的干部，还怕当下国人所普遍关注的"三农"问题不能得到解决？

不过，且慢！"诱民致富"术虽然很好，却也不是没有任何代价的。如前所述，这个"诱"字是以基层政府对农民的经济和实物支出为前提的，而且，我们看到，这种支出往往是不计成本和有去无回的，政府把种子、化肥和农药送给农民，说是等来年收获时再扣回来，但如今在一些地方，乡镇政府连该收的赋税都很难收上来，你凭什么就能把已经送出去的东西再要回来？再说当初这结构调整是你要我搞的，不是我要搞的，我配合你就算是不错了，还想多收我的钱？！结果，这送出去的东西十有八成也就权当作是无私支援农民弟兄搞小康建设了，当初本来也就没有指望再收回来的。于是，我们看到，这"诱民致富"往往导致一些乡镇的"政府致负"，即造成政府负债。这个债在有的地方还不轻，如今像农业结构调整这一类惠民的举措越来越多，好多东西都需要政府出钱的，因此，对于一些地方的基层政府来说，往往是好事办得越多，负债也就越多。

学界都在说如今乡镇政府的行为像一个公司和企业，但是在农业结构调整这一类事情上，我却怎么看它都像一个慈善家。"诱民致富"与"政府致负"两者究竟是一种什么关系？

又应该如何去解释基层政府行为的合理性？一种经典的理解是，政府在放水养鱼，藏富于民，等农民尝到结构调整的好处，变被动为主动，具有特色和规模效应的地方优势产业得以形成，政府就可以从中收获到地方经济与社会发展的大利。这种解释初听起来很有道理，但仔细琢磨，却好像又觉得它只能解释那些占据了市场先发优势的地区，若推而广之，是否成立就不一定。别的不论，就说新作物的价格在农户一窝蜂上的情况下是否还能始终保持市场竞争力，以真正诱使农民将一次性的市场投机转化为结构化的成功转产，就大费思量，况且这也还不是那些基层干部，甚至包括那些结构调整的积极发起者所能够事先预测与知晓的，否则，还不"早就让自己的老爹、老娘种上了"？这些基层干部的心里面其实很清楚，等当地的农户都开始种植当初能给他们带来效益的某种作物时，也可能这种作物价格就要下跌，会使农民最终吃亏受损。等农民们也察觉到这一点，这市场价格的杠杆便会自动地迫使农民放弃新作物，或者经历再一次转产，或者干脆保险起见，又重新回到传统作物的种植上去。结果，对于相当数量的农民来说，除非是改种金子，结构调整对于他们，到头来很可能还是经历了一番折腾，收获到几许空望。短时期内颇见成效的结构调整在一个较长时期内是否能够成功，真的是一个连乡镇干部自己都说不清楚、想不明白的问题。

自己都说不清楚、想不明白，没有答案的事情，却偏偏又要如此不计成本地投入，甚至导致政府吃亏负债也在所不惜，原因何在？这其中的奥秘，还是乡镇干部自己最清楚。一些乡镇干部在动员村组干部积极配合农业结构调整工作时，就往往直言不讳地说，这是县里部署，县委主要领导亲自抓的一项工程，乡镇是××书记亲自挂帅，关系到咱们乡镇的形象，××书记平日对咱们不错，我们必须得买这个面子，抬这个桩。原来，整个事情从一开始就没有离开过既定的谱，答案其实还是那两个词——政绩与形象。既然涉及政绩与形象，眼睛就自然不能老是盯在经济上，只算经济账，还得盯在政治上，算政治账。事情但凡牵扯上政治，就更是一个带有全局性的重大问题，这其中所关系到的，可不再是简简单单的农民致富，它更为根本的还是我们地方主要领导主抓的中心工作是否能够得到落实。既如此，自然得全力以赴，不惜代价，局部利益服从整体利益，经济利益服从政治利益，小损失服从大收获。站在这个角度看问题，这个乡镇领导才叫作有高度，讲大局，讲政治，与上级领导保持一致。与这个高度、大局与一致相比较，花点钱还不都是应该的事？况且如今在数量化的考评机制下，乡镇与乡镇之间还要讲贡献，比能力，对于一个乡镇领导来说，还有什么比出色完成上级布置的中心工作更能展示自己的贡献和能力？这一下，我算是真真切切地搞明白了，原来，在一些乡镇地方较着劲儿干上的一轮又一轮"诱民致富"，比之于早些时候的"逼民致富"，手法虽有不同，背景也不尽一样，但原理与精神却还是相通的，那就是不断地以光彩耀人的政绩来照亮咱们一些地方领导头上的那个顶子。

不过，如果把话就仅仅说到这里，即使问题本身已经讲透，却可能仍然不够，因为谁都知道，为了政绩而牺牲经济本身就是一个对上负责的压力型行政体制不易克服的痼疾，从这个角度上看，"诱民致富"无非是"逼民致富"的另外一种表现形式，而只有对上述问题做进一步的追问，思考促使形式改变的深层次原因，才会加深人们对由这一问题所折射出的当下基层行政运行现状及其特征的认识。这一追问就是：一个被学界习惯性地嵌格在非均衡"强国家—弱社会"的官民互动视野中的基层乡镇政权，何以至于连在为自己的脸上贴金时，都不得不屈就于它所治下的百姓？

一种意见可能会认为，这是中央政府强制性政策约束使然。这话自然是不错，然而，需要我们注意的是，在中央政府的强力约束之下，基层乡镇所丧失的，恐怕绝非仅仅是"逼民致富"的能力，它所丧失的毋宁说首先是自身的部分治理能力本身——一些地方依法征税能力的部分丧失就是一个最重要和最基本的指标。这样说绝非是指责中央政府造成了此种状况，而是说中央政府的硬约束，在某种程度上倒是的确使乡镇政权近年来逐渐积累起来的问题得以用一种更为原生态的方式充分暴露出来。这一问题就是：由于种种原因，部分乡镇政府在治理过程中与农民的互动，实际上已经陷入或者依靠强力及相应的越权和越线来维持，或者处于无能境地，或者干脆只能以向农民"行贿"的方式来实施治理这样一种多重困境之中。有些人提出的所谓"强国家—弱社会"观点，在特定的乡镇场域中未必是对官民互动状况的一种真实描摹，在更多的时候，它实际向人们所展现出来的可能更是一种"弱国家—弱社会"双弱并存的状貌，即基层政权治理资源和治理能力的不断流失，已经成为困扰基层政治与行政运转的重要原因，并且它在实际上也同样阻挠着乡村社会本身的健全发展。因此，我们才可以看到基层政府往往被农民所"反制"的种种奇特现象；谓其奇特，是因为这种"反制"在绝大多数场合并不意味着"民权"的增长，而仅仅意味着官权的式微，所以，它实际上向人们展现的是一种有效治理的缺失。

这就提醒人们，在思考有关乡镇体制改革的问题时，必须同时把强化乡镇治理能力也纳入考虑的视野，在不断寻求乡镇治理民主化和法治化之时，也花大力气去研究如何强化其治理能力，而不是削弱甚至取消这一能力。笔者认为，任何乡镇改革的思路必须有助于这两个方面的完善才可能得以确立，否则，人们将会发现，与程序上的基层民主和法治建设进程相伴随的，可能会是一个不断凸显的乡镇行政衰败过程。可惜的是，在相关研究中，对前者人们充分重视，而对于后者，主流学界甚至还未将其视为一个真正的问题。

上述诸言，算是对本文主题的一个附带性思考。

写于 2004 年 12 月

乡村的权力承包

承包制是20世纪80年代在农村经济体制改革中推广的一种生产责任制形式，它开了改革开放的先河，自此以后，各种形式的承包制就成为我国经济管理中的一种常见方式。然而，在近年来的农村调查中，我发现这种经济管理的方式竟然也被一些基层政府搬用到了乡村治理中，从而演绎出种种公共权力承包与商化的段子来。

Y镇是一个市郊镇，各类国家建设和地方开发的工程很多，其中，国人关注的天然气西气东输工程也延经此地。天然气管道要埋到地下，就要对大量耕地"开膛破肚"，于是就形成了临时性的工程占地和随之而来的经济补偿。这些补偿都是有明确标准的。比如，临时占地一亩补偿人民币500元；迁移一棵小树补偿10元，一棵已经挂果的果树就要补偿30元；至于农舍、鱼塘什么的，如果要搬迁或有损坏，也有相应的补偿标准。而管道铺设完毕，泥土回填，又得复耕，施工方将临时占压的土地，经过整理，以可以重新耕作为标准，交还给农民，这叫作"完璧归赵"。不过，这"璧"之完整也是相对而言，因为施工的原因，有的地形地貌要完全恢复是有难度的，这就还得委曲农民自己出工，再补补火，修理一番。但如今可是市场经济，干什么事情都讲经济效益，公家搞建设破坏了农民的耕地，自然不能叫农民干吃亏，所以，施工方又专门准备了一笔善后的款子给乡镇政府，用于解决此类特殊遗留问题。这笔钱是按工程占地的公里数计算的，由施工方一次性划拨给政府，至于政府如何使用，具体给农民多少，那就是政府自己的事了，反正说得过去走得掉，农民能接受，不找麻烦就行。

刘××是镇政府里专门负责这类善后工作的，一直听他说复耕中问题特多，稍不如意，农民就不同意施工方撤走，大棒子一横，就把施工机械给强扣下来，要么解决好了再离开，要么就得留下钱来"消灾"。一句话，农民可是够混够刁的，所以，处理施工遗留问题在干部看来就是与农民"斗法"。

一天午餐后，我和刘××来到荷村的一口塘边准备"斗法"。天然气管道曾经从这塘底下穿过，现在，因施工曾被破坏的塘的大模样已经恢复，但塘中仍余有不少淤泥，那是施工时留下的，由于挖掘机无法靠近，现在就只有靠人工劳作来解决了。塘的四周，原本是农民的菜园子，现在变成了一片凹凸不平的低洼地，不用问就知道，那菜园中原来的土壤也就是现在余留在塘里的淤泥,只有将淤泥清出,回填到低洼地,塘和菜园才能各归其所。农民可是正等着种菜和投放鱼苗的哟!这不,我们一到,村民们就围了上来,纷纷问什么时候能够搞好。

村里负责此事的万主任也深一脚浅一脚地赶来了,他是处理这种事情时不可缺少的角儿。看得出来,万主任又喝了"革命的小酒",一见面,他就与刘××为恢复地貌所需要的经费争了起来。万主任报价五千,说是土方多,施工难度大,而且负责此事的叶镇长也答应过的,而刘××则只答应给两千。万主任指着这堆土,说是需要几多工,多少钱,又指着那道沟,说是又需要几多工,多少钱。刘××则针锋相对,寸利不让,讲出一番相反的道理,反正是要把万主任报的价狠狠地杀下去一大截。万主任一激动,声音也高了起来:"那我可没办法搞!"这时,刘××就会压低嗓子提醒道:"小声些,莫让他们(指附近的村民)听见了。"又说:"既然叶镇长答应过,你就跟他比画去吧,我这里只有这个权限。"

听着听着,我总算悟过来了,在这种报价的高低之中,大约已经掺杂着乡村干部自身的利益考虑。果不其然,随着报价的深入,我得知由施工方交给政府的复耕费就是由叶、刘等人具体掌握,政府对他们实行总费用承包,承包的目标是解决所有的遗留问题，承包的办法则是经费超支不补，节余自行支配，只要不揣进自己的腰包，什么吃个饭，坐个车，以及手机话费之类的，也都可以报销。

这种管理方式颇见效果，干部们成天东奔西跑，"扑火灭火"（即解决遗留问题），与农民打口水仗，十分辛苦，所以，这个"自行支配"的权力对于每月只有一千多元收入的乡镇干部已经很是刺激。虽然说"自行支配"还不等于节余归己，但他们却也真的就把公家的事儿当作自家的事儿给办了，将公家的钱当作自己的钱来花了，只要有可能，就总是尽可能地少花钱多办事，花小钱办大事。

但像万主任这样的村干部是他们必须要依靠的人物，乡镇干部再怎么能干，所有的工作最终都还得依靠村组干部落实，所以，村干部的配合十分重要。为了调动村里的积极性，叶、刘对各村负责工程善后的干部，也如法炮制，实行费用总承包。这活儿我就交给你这么多，你具体给村民多少我不管，事情摆平了就行，余下来的钱，当然也同样可以由你们自行支配。用万主任自己的话说就是："也没有多的想法，只要能吃餐把饭，报个手机话费什么的，也就可以了。"

这样一来，在乡镇干部和村干部之间，这乡村工作中的配合与协调，实际上就变成了生意场子上的商业往来，相对于施

底层游戏

工方和农民，干部们也都自觉不自觉地充任起了大大小小的中间商。既然如此，在乡村干部这一个劲儿讨价还价背后所隐藏着的，就是那彼此都无须言明的利益计较。是利当然就得争，所以，一方面，乡镇干部会尽量去杀村干部的价；另一方面，村干部也会尽可能去杀村民的价，而村民也不都是"苕"（江汉平原一带方言，笨、傻的意思），彼此信息一沟通，同样的问题，我家补了两百，你家却补了三百，这不明摆着单叫我吃亏？于是，又忙不迭地反悔、赖账，重新与村干部砍上了价。结果，这整个一件事儿就演变成了一桩买卖，干部们通过权力承包式的行政过程也就构筑起了一个市场化的时空场域。场域变了，但干部与农民之间的身份差别没有变，干部的行政心态也没有变，这就难怪他们要说农民刁滑，要说农民乘机敲诈政府了。你居然敢与政府争利，还不可恶？但换个位置想想，既然这整个事儿本来就是一桩买卖，就是讨价还价，农民的行为也就没有那么的不可理喻，商场如战场，喊的是价，还的是钱，大家都是在为利益而斗争嘛。乡镇干部如此，村干部如此，农民亦复如此，彼此又有什么闲气好生的呢？

不过，这商战还未开始，结局却是事先可以料定的。乡一村干部类似于上下级关系，我说你听，我指你做，我强你弱，身份地位的差别是明摆在那儿的，但是，离开了村干部的配合，乡镇干部纵然有天大的本事，面对那些不讲道理和死缠烂打的"刁民"，也没有办法，所以，他们也总是要在确保自身利益的同时，给村干部预留一份利益的空间。这样，每当双方争执不下时，乡镇干部们并不强压，而多半会友好地说，实在不成，这钱你们就全拿去，我们也不留了，只要能摆平就行。大家不都是在为公家做事儿？乡镇干部的这一招，在商战中就叫作欲擒故纵，你想想，村干部们听了这话，还能有什么好说的？人家可是"上级"，又够朋友，你就好意思把好处一个人都捞了？不图下一回了？所以，村干部是不会如此"黑"的，就像精明的商人，在自己赢利的同时，也不会忘了给对方好处，这可不是一锤子买卖，日子还长着呢！于是，争执的结果就总是"化干戈为玉帛"，最终寻找到一个彼此都能够接受的价位。事情大约也只能是这样，倘若村干部继续顶着不干，一则有伤和气，二则乡镇干部干脆就绕过村一级，直接找村民小组长谈。小组长的机会比村干部少，要价也更低，这样，到手的好事儿还不又给别人弄走了？

不用说，输家就是村民了，不论你有多滑多混，你总不能与干部共享工程善后补偿款的信息吧？村民们不可能知道施工单位究竟给了政府多少钱，多少钱又是必须补偿给农民的，一切都没有明示，一切都视具体情况而定。一方在明处，另一方

底层游戏

在暗处，这在明处的自然就要吃些亏。加上如今的乡村干部也很会做群众工作，他们大都不会傻到像一些跑马观花的记者和学者所形容的那样搞什么强迫命令的老把式，而总是能够与时俱进且又入情入理地把乡情加上亲情，哥兄老弟的，熟练运用各种地方性知识来个正式权力的非正式运用。干部一开口就要你发扬风格，顾全大局，体谅政府的难处，说人家也就只给这么多了，总之是先把你村民说得高风亮节，比雷锋还雷锋，最后让你自己都因斤斤计较而面生愧色。工作做到这份儿上，这个竿子你还能不顺着往上爬？于是，大部分村民们就是明明知道吃了亏，也不好意思再争。俗话说输钱还不输脸，又说为人处事要通情达理，毕竟俺们都是有觉悟，讲情义的厚道人，不能让人骂咱唯利是图，发国家建设的财呀！当然，若真是遇到那等死活难缠，不要脸面的主儿，那干部们就还得再出点儿血，私下里再给加点儿价，并叮嘱其千万不要声张，以免造成攀比。干部们管这种个别解决的办法叫"点发"，又说是"一把钥匙开一把锁"，其实也就是对个别的"刺儿头"私下里进行安抚和收买。干部们说，这一招很管用的，这得了好处的以为比别人多占了些便宜，也就乐得屁颠儿屁颠儿了，还有不极力配合的？人性嘛！

就这样，这权力承包的法子还真的就管用了。在商言商，

151

以商对商，这如今不大好做的乡村工作也就变得好做一些了。只不过在这种权力的承包中，姓公的乡村权力已经改姓了商，变成了乡村干部对农民的利益合谋，在这一合谋的过程中，我们那些吃公家饭的乡镇干部和吃百家饭的村干部也相应地把自己从公务人员变成了商人，这恐怕倒是那些将承包制沿用到乡村治理中的乡镇领导人所没有想到，或不愿意深想的。而笔者在乡下待得久了，这一类他们不愿意深想的治理游戏还看得不少。

            写于 2004 年 10 月

上访的建构与消解
——对一起官民纠纷的记述与思考

我在中部某省的 A 镇做调研时,遭遇过一起农民上访,上访的主角是一群合法经营的采石场业主,因为采石破坏了开发区的生态,影响到周边土地的出让,让曾经支持采石的区、镇政府转而要关闭石场。关闭的理由关乎环境保护,石场业主无话可说,只是因关闭所涉及的经济赔偿无法落实,才使他们起而抗争。

不过,上访并没有表现出那种为人所期待的据理力争,相反,尽可能以维持与政府关系的办法"曲线救国",这样好像更能反映事件的特点。业主向政府递交了材料,请求延期半年关闭,说这样既能减少损失,又可免除政府赔偿的压力,言下之意是表示愿意以多生产半年来换取索赔的权利。业主的"通情达理",让既要关闭又不愿意理赔的政府摆脱了尴尬,于是便准予延期,只不过为了防备万一,他们要求与业主签订一份含有上述默契的协议。为求板上钉钉,政府还将所签协议拿去做了公证。这样,业主似乎在接近"曲线救国"的目标,而政府也借此免除了赔偿的责任。

半年过后,业主"翻翘"了,他们提出了索赔的要求,说协议是政府强迫签订的,不签连多生产半年的机会都没有,所以,不能认为有效。政府对业主的"出尔反尔"颇感恼火,好在他们早有准备,于是,他们断了石场的生产用电,执行强行关闭。在这种情况下,上访发生了,而且一去就是一群人,业主来了一个千里赴京告"御状"。

关于农民与地方政府通过上访而展开的博弈,已经有过一些研究。学者们注意到,上访是既有政治结构有意预留给民众的诉愿机制,当农民感到遭遇"冤屈",尤其是来自基层的"冤屈",而又无法声张"正义"之时,他们就可以通过上访来向上一级政府诉愿;如果担心地方"官官相护",他们还可以将"冤情"直达北京,让中央来体现"浩荡恩情"。事实也多半是这样,只要选择上访,"千方百计上京城"就自然成为上访行动步步升级的最后终点。可信访制度的设计源于高层了解民意的需要,而非专为行政救济所设(尽管它实际上在部分地方行使类似的职能),如果真的让上访的洪流齐聚北京,势必会增加高层的压力。因此,中央其实更希望地方上能够负起责任,将问题化解在基层。于是,我们便可以理解为何上访和拦访总会成为一些地方要上演的大戏了。

A镇派出了由行政一把手带队的进京拦访队伍,他们的任务是将业主动员回来,不要因为上访而给地方工作造成被动。

让人没有想到的是,业主好像能够体谅政府的难处,颇为替后者着想。他们一上火车,就有意将消息走漏给政府,到了北京后,也不急于递交材料,而是与拦访者玩起了"猫捉老鼠"的游戏,只不过,他们是盼着你来捉的。原来,业主们只是想以上访之名向地方政府施压,以逼迫后者谈判赔偿。拿什么施压呢?拿地方的"顾忌",什么是地方的"顾忌"呢?"社会稳定"。原来,业主们是想以"社会稳定"为赌注,来"胁迫"区、镇政府让步,他们笃定政府即使不想赔偿,也不愿意将事情闹大,如果出现群体性上访,就可能有失"为官一任,保一方平安"之职责。

不过,业主们也知道,"赌注"可以"胁迫",却又未必真的就能要下,如果将"虚张声势"转化为实际行动,那就等于将地方官们逼到了墙角,到那时候,谈判的空间增大还是缩小,业主们也吃不准。毕竟,"石头飞上天还是要落地,事情出在哪里,最后还得由哪里来解决"。若非万不得已,他们也不情愿将事情弄到那步田地,给领导留面子也是在给自己留退路,这个道理业主会掂量。

千里赴京果然换来了对方的回应，区、镇方面终于流露出可以协商的意思，而上访者也被好吃好喝地请回了家。

以此为台阶，双方开始谈判。业主多生产了半年，又通过上访的架势"赖"掉了自己签过字的延期关闭、不提赔偿的协议，将政府逼到了谈判桌上。这样，业主便以"诈术"逼迫政府做出有限的让步，让我们看到了在底层社会发育出来的某种以不讲理谋求讲理的行事风格。

然而，当双方真正开始谈判时，地方上所面对的却仍然是如何赔偿的问题。按区里的想法是要下面来消化，说是"谁家的孩子谁抱走"，可镇里就一百个不情愿，"又不是我们要关的，关闭让镇里也受到损失"。消除了上访燃眉之急后，区、镇领导又回复到"理性"的立场，区里要将矛盾下交，镇里也不能不执行区里的决定，但出于维护自身利益的考虑，他们就不愿意区里对业主让步，哪怕站在个人的角度，他们可能充满对业主的同情。

业主提出了每家赔付30万元的要求，政府则只同意考虑对机械撤迁给予一定补偿，又答应退还石场开业时由业主自行集资扩充电容的电力增容费和电改费，此外，还承诺在业主找到新的开采地址后，在证照办理方面给予优惠。这样算下来，政府的盘算就是每家补偿3万至5万元。

双方立场相距太大，谈判无果而终。

其实，业主也不指望政府真的能赔30万，这就如同市场上的讨价还价，喊的是价，还的是钱。但京访的结果，政府只做了微小的让步，固定资产问题则不提，按业主的话来说："电力费本来就是我们的，政府实际上只答应给撤迁费。"业主们摸清了政府的想法，他们把人从北京接回来，做出部分让步，只是出于形象与政绩的考虑，并无意满足业主的赔偿要求。

激愤的业主决定重走上访路，而得知消息的区、镇政府也再一次派出拦访的队伍。这一次进京，业主终于越过了给自己设定的底线，跨进国家信访办的大门，将上访材料递交进去。这样一来，区、镇方面就面临着与第一次拦访完全不同的局面：第一次进京，他们拦阻了上访，没有给工作造成被动；回来之后，地方政府决定给予一定的补偿时就没有觉得被业主搞了"城下之盟"，反而觉得是在对业主的配合进行奖励。但是，这一次业主却公开撕破脸，这样，面子和荣誉是无暇顾及了，政府只能去应对新的形势。

区、镇方面指示进京干部，要打探到业主的住地，搞清楚其行踪，防止发生过激行为，但又不要与他们接触，以免再次调高其胃口。当然，通过其他渠道减少因上访给地方工作带来的不利影响也是相当重要的。干部们很快就打听到业主的住处，这些人还住在老地方，可以想象，他们还像上次那样等着干部去找呢！可干部们不为所动。不久之后，业主们意识到情况变了，尽管干部也打来了电话，业主也自报了住址，可人家偏就不提见面的事。业主开始明白，这一次对方就是要"耗他们的油"，你们不是要来北京玩吗？那就玩够好了……

业主们哪里有玩的心思，几天以后，再也无心蜗居在旅店里的业主退了房，他们集体来到信访办，想看看上交的材料有否反馈，同时也是要去会会政府干部，他们估摸着能够碰上。

在信访办的大门口，双方真的相遇了！原来，干部不见业主，却天天都去了信访办，以防他们再次上访。见面之后，干部欲将业主挡在信访办的大门外，却又不敢硬拦，业主们心里有气，一呼而应地拥进大门。但是，信访办的接待干部却劝他们有事回地方处理，又说材料转下去也需要时间。业主们突然之间便感觉在北京的使命就这样结束了，当上访的行动付诸实施以后，上访的尽头便是回到地方去等候。

业主又被带回了A镇。政府的立场仍然没有改变，反正上面都知道了，还需要变吗？业主也再次拒绝合作。结果，石场纠纷陷入了僵局，可这样一来，业主就陷入了被动，他们吃自己的，用自己的，耗得越久，在经济上吃亏越大。于是，他们虽然还时不时派出代表到各级部门反映情况，但随着时间的推移,他们的心散了,有的人已经在私底下寻找退路。

区、镇方面当然看出了问题,决定转守为攻。不久之后,借区主要领导调换之际,政府宣布了新的措施:凡在某月某日之前签字同意撤迁的,奖励15000元;某月某日以前签字的,奖励5000元;某月某日以后还不签字的,强行撤除。这是一个新的让步,却也是区、镇的最后立场,逐渐失去信心的业主们是否能够经受住这"温柔"的一击?

果然,面对这个不大不小的"诱饵",业主的内部分化了,那些亏本较少,或者多少赚了几个钱的人在看不到政府会做出任何赔偿的迹象,拖下去对自己又愈加不利的情况下,转而采取向现实妥协的态度,多得一分是一分,多拿一块是一块,有几家业主首先在政府的领款单上签字。

事情来得有些突然,个别人的放弃立刻在整个群体内部产生了雪崩效应,在知道有人签字领款的情况下,其他业主的心理防线再难坚守,他们心有不甘,却又唯恐别人签字自己不签将更加吃亏,于是,其他人也陆续地签了字。最后,坚持不肯就范的,只剩下几个组织维权的代表。这样,在经历了一年的久拖不决之后,感觉耗不下去的大多数业主选择了就范,维权联盟顷刻之间自行瓦解。

故事说到这里大体上就可以算结束了,情节并不非常"戏剧",因为许多地方可能都发生过此类事情。

可有些问题却是值得思考的,例如,石场业主在维权活动中为何始终不走法律程序,只在上访的圈子里打转?对此,我问过他们,回答是:"不打官司,官官相护,打不赢的。"这里的"官官相护",也许是他们对基层状况的感受,却也可能是他们长期以来对法律功能的理解(业主们普遍持有这样一种看法)。有学者曾经说过,我们的司法一直具有很强的"治理化"功能(参见强世功《法制与治理:国家转型中的法律》,中国政法大学出版社2003年版),结合自己的经验,这话大体不错。既然法治所要达致的目的是治理,那么,有问题当然就要找党政部门了。所以,无论是基于对行政裁决之权威性的认定,抑或是对司法程序理性的不耐,农民在寻求权利救济中选择行政而非司法途径,在他们看来都是更加经济和理性的,尽管由于信访机关并非完全的行政救济机构而往往会事与愿违。

这样,我便想到了相应的"诉苦"文化的建构,这大概也就是设置信访制度所需要的了。通过"诉苦",自然也就定义出民对官的"父母官"情结,因此,上访便很有些类似于家庭(或族内)纠纷中势单力弱的子女(或家庭)向父母(或族老)投诉强悍的兄长(或族人),所以,即使上访也体现出民告官的特征,却并非现代法律所讲求的权利对等意义上的行政诉讼，而有些类似于家庭"诉怨"中那种"倾听者""解怨者"与"诉主"与"诉怨对象"之间的拟家庭涵盖关系。所以，"诉愿"的结果，自然就是将"国家—社会"的对等关系转换成为"家国"——"积家以成国"的关系，以绵延和再生产既定的秩序认同。因此，我猜测，这看似酿造风险的上访，实则却是规避更大风险的实践。如果猜测还有些靠谱，那自然是相当精妙的设计了。

那么，普法的影响呢？当然，谁也无法否认普法对农民意识与行为的再塑造，但问题是当这种再塑造还主要停留在意识层面，而非着力于权力格局的改造之时，自上而下权力网络的笼罩性也使以法律来维权不仅要考验农民的胆识与耐性，还使他们必须面对操作上的困难。以本案例为例，区、镇方面已经将业主签过字的关停协议做了公证，这法律的维权还如何施展？由此，我得以体会石场业主从事件一开始就不断咨询和了解法律，却又始终不运用法律的理由——咨询和了解法律是要为维权寻求合法和安全的依据，而真正的行动方案还是要在熟悉与可控的范围之内寻找，当法治成为治理的资源时，上访便成了维权的武器。

如果再将业主和区、镇方面的博弈置于乡村的场景，而非抽象的国家—社会二元关系的理论中分析，我们还可以发现，官民双方在博弈中采取的实际上是一种既向对方施压，同时又给彼此留下调整关系余地的策略。这表现在业主方面就是，即使决心以上访这一从总体上看为体制所容纳，从局部范围看却是对地方政府告状的形式来维权的他们，也仍然在小心地给自己与区、镇方面的关系留下回旋的余地。因为他们知道，事情要解决，最后还是得依赖近在身边，须臾不可回避的地方领导的关照。因此，业主并不愿意将彼此的脸面撕破。更何况地方场域中官民的互动并非就仅仅是围绕某一特定的事件与过程而发生，它更为广泛地还体现在有形与无形并长期绵延的一种渗透于乡村生活方方面面的日常化领域，在这些方面，业主们是无法不依赖于区、镇政府的，所以，维权者并不会只想着维权本身，他们还必须顾及在日后的经济社会生活中与地方政府无法割断的联系，他们自然是希望能够在兼顾这些联系的前提下达到维权的目的。

不过，如果利益无法协调，兼顾的希望就可能落空。我们看到，业主最后还是"被逼而访"了。当"被逼而访"破坏了官民之间的"默契"之后，博弈就回到原点，即对权力资源的拥有量将决定博弈的最终结果。不过，这一规则的重新展现并没有推翻前述分析，反倒为其合理性从反面提供了例证，有助于进一步理解何以在多数情况下农民会采取能忍即忍，吃了亏自认倒霉的态度。因为他们深知即使勉力为之,在多数情况下也难以改变结果,反倒有可能会因此而付出经济、精神、时间乃至于整个人生命运的代价,到头来即使赢得法理,却可能销蚀掉人生,反不如"早知今日,何必当初"的"犬儒"态度更为"合算"。因此,在一般的农民维权中,骑士般的"抗争"几乎难成首选,反倒是各种"诈术"和"纠缠术"有着广阔的存在空间,而最为可能的方法则是退而求其次,只要领导有所让步,农民也就见好便收了,即使这种"好"还远远不是他们的期望。而由此,我也得以理解上访何以可能被消解,一定意义上,消解是一个普遍的结局,持续"抗争"在许多情况下倒可能是例外。

在我离开 A 镇前后,组织维权的几个核心业主也签字领款了,他们拖不下去,再拖下去会影响到生计的寻找。不过,这几个人确又因为"拖"而得到了比一般业主稍多一些的补偿。对此,他们的解释是:"我们的路都跑得更多。"这种想法可以理解,作为维权领袖,他们在石场关闭纠纷的抗争中首先关注的无疑是石场业主的共同利益,不如此他们不可能成为维权组织者。但是,当他们看到其他人已经放弃,集体维权已经被个人索取所替代时,即使是这些组织者也不能不为自己的利益而努力。而此时,他们在扮演组织者时所付出的更多辛劳,也就可能成为他们索取相对更多补偿的心理基础,这种人性使然的心态为领导们最终了结事件寻找到了突破口，当然，前提是对当事人背对背的"一把钥匙开一把锁"。

可过了一些时候，又听说业主"翻翘"了，他们又组织了第三次上京，再次提出要求赔偿固定资产，还提出房屋拆迁补偿，说当初在石场建临时住房也是生产的需要。看来，业主们没有放弃，而是改变了策略，既然不能一步到位，就来一个点滴式蚕食，把能拿到手的东西先拿到手，接着再提出新的要求。业主们再一次玩起了"不守信用"的游戏，回忆起来，这似乎还就是他们在整个事件中采用的一种"有规可循"的战法。

可无论如何，区、镇方面是不会再做让步了，他们也摸清了业主的路数，知道让了一步还会有下一步，而业主的签字领款最终让区、镇的关闭措施获得了合法性，所以，他们现在也不怕"纠缠"。你就是再去几次北京，无非是再把人接回来，该做的都做了，也没有什么好怕的。

在时间的消磨中，"拖延术"终于彰显出对"纠缠术"的优势，这就印证了乡村干部的那句老话："上面要干的事你还能拦得住？"

写于 2007 年 2 月

迎检的游戏
—— 乡镇调查手记

在乡镇做过调研的人大多有一个感受,那就是乡镇的检查评比特别多,大凡上面部署一项工作,后面就必跟着一项检查,更不要说诸多的日常事务也少不了例行的考核评比。检查多,说明上级对基层工作的重视,但也给一些乡镇领导以启发,那就是工作做得好固然重要,但应对好各类检查评比可能更加重要。因为工作是否好,是否有成绩,不能凭乡镇自己说,得由上级来评判,评判的标准就是这些检查评比。只有检查评比的结果好,才能证明工作做得好。这样,问题就转换成了工作如何,得由检查评比的结果如何来确定。这似乎也不是不可以理解的,因为不检查评比,上级如何判断基层工作的好坏?又如何鼓励上进?所以,为了掌握和推进基层的工作,上级的检查不仅要搞,而且还越搞越多,越搞越细,越搞越精明。

检查评比多还因为政出多门。上面千条线,下面一根针,上级所有职能部门的工作最后都集中到乡镇，由乡镇来贯彻，所以，最后也都要检查到乡镇。在平行分工、各司其职的结构部门化体制下，各个部门都会强调自己的那一份工作意义重大，不容马虎，更有那些涉及检查评比一票否决的规定，例如计划生育、社会治安综合治理等，就更是不得轻慢。于是，乡镇也总是隔三岔五地迎接检查，往往一个检查刚刚结束，下一个又来了。结果，一年到头，光是应对这些检查评比就要花去不少的时间。我曾经在中部地区一个乡镇做过一年半以上的调研，我注意到，一年之中光计划生育检查就有五到六次，其中区里两次，上、下半年各一次，市里两次，也是上、下半年各一次，再加上省里再安排一到两次。而其他围绕各种中心工作及达标、创建而进行的检查也不少。这样，可以说大的检查每个季度有，小的检查几乎月月有。一些干部说，乡镇政府一年到头少说也有三分之一的时间是在应对各种检查，难怪有研究者会将乡镇的迎检称作是基层"应酬政治"的重要内容。

这"应酬"的概括甚为准确，因为要迎检就得花时间，费精力，出人力，耗物力，损心力。下级对上级的"应酬"是不敢怠慢的，因为这涉及评先和排名，涉及领导的帽子与位子。现在的政府管理都已经进入数字化时代，上级的检查要抓数据，于是，乡镇的迎检也就要与时俱进，将应酬提升到数字化的水平。数字化管理本身有一个特点,即层层加码,越做越细,愈益繁复,例如有关上级部门确定一个检查指标,设计一张考核表格,任务一旦下行到下一个行政层级,为政者为了显示重视,细化和落实上级部署,往往就会多出一组数据和表格,这样,到了乡镇,就可能已经是好几十个数据指标和多张表格。而电脑普及所带来的数字化管理的方便,无疑又可能会加剧这种数字化泛滥的趋势,结果每一次检查,乡镇干部都要为对付和琢磨各类繁复的账、表、卡、册,填报数不清的数据而费尽心力,不能有丝毫的疏忽和差错。

那么,这话是不是在暗示上级有意为难基层呢?也不能这么说。设想一下,上级对下级实施制度化的管理和监控,不依靠表格和数据又依靠什么?难不成还真的要求我们的领导像古代官员那样来一个微服私访?对各类检查烦不胜烦的乡镇干部倒是这样在发牢骚,"何必成天折腾我们,自己下来看不就行了?"可这话说起来容易,真要做起来并不现实,不要说随着现代媒体的发达,领导长什么样下边的人都清楚,已无微服可言,仅从管理的内容来看,现代政府管理较之于古代也不知道繁复了多少,将其制度化根本就不可行(就是在古代,微服私访可能也并不那么普遍,不然何以为民间所津津乐道?)。所以,数字化的管理和检查还得继续,而乡镇也只能不知疲倦地备检，想尽一切办法去打理这些表格和数据。写到这里，可能又会有读者以为我这是在暗示基层做假，应付上级的工作。如果这样想，就把问题看得简单了。我当然不否认基层有做假的动机和现象，普遍造假的事情我们也不是没有经历过，但这些都不是我在这里所要讨论的问题；我想要说的，是数字化考核对乡镇迎检行为的塑造，这兴许才是一个真正需要思考的问题。

乡镇管理是一件草根性很强的工作。所谓草根性，也就是工作的非制度、非文本特性；许多工作，做就做了，未必有时间、有精力去档案化、文本化和数据化，也就是说，只要任务完成了，如何完成的并不是最重要的问题。这种状况势必在实际的工作方式与制度性规定之间造成一定的距离。本来，这种距离上级也不是不知道，也不是不能理解，领导也多半有过在基层工作的经验，下面的工作是怎样做的，他们自己亲历过，心里面应该有数。可是，到了检查和考核的时候，这种知情和理解就不顶用了，一切都还得按照规定动作来。也就是说，按考核所规定的指标来对照。这可真就难为了乡镇干部，因为哪儿来那么多的规则和数据，哪里又有那么多的记载呢？但这个时候不做还不行了，既然胳膊拧不过大腿，下面改变不了上面的规则，那就只能去适应。于是，上级有什么标准，定什么数据，下面就只能给你准备什么材料，填报什么数据。以计划生育工作检查为例，乡镇计生办的干部说：目前计划生育工作所要求的各项优质服务指标是如此复杂和精确，在农村几乎没有可操作性，不要说许多农民不在家，无法统计；就是在家，人家也未必配合你。但上级既然要，下级就只能去找，下发的各类账、表、卡、册，要求填报的项目多，要求完成的时间短。于是，为了完成这些报表，下面除了对人口、孕妇数量、出生率等这类最为紧要的数据不敢凭空想象之外，其他数据是如何产生的，便只能由你自己去揣度了。再以我自己亲历过的一次税费改革检查为例。按照考核评比的要求，农户手中必须备齐的资料就包括：土地经营权证、年纳税通知书（已丢失的复印存根）、年农民负担监督卡、省委省政府致全省农民的减负公开信、交税退税票据等。村里必备的迎检材料则包括：任务测算表、村到组和组到户农业税任务清册、征收情况清册、村级债务清册；转移支付到村凭据、农业税附加返还凭据；农业税减免到户清册、结算清退清册、军烈属优抚款及五保户统筹款到户清册、村组干部工资清册；报刊征订收据、化债凭据；接待处理政策咨询及农户来访情况登记、村税费改革方案及工作总结、相关的说明材料、推进税费改革的会议记录、政府下发的税费改革文件（至少10份以上）；近两个年度各种数据的公示牌、标语、横幅等,大大小小总共好几十件。平心而论,上述资料以前可能也发过或做过一些,但乡村不像上级机关,政府以前下发过的资料不等于村里现在还有,更无法确保已经下发到农民手里的资料现在还完整地保存在农民手里,所以,唯一的办法就是全部重新准备,重新发放。于是,检查任务一宣布,全体乡镇干部就都投入到了各种考评资料的准备之中。因此,所谓的迎检,往往就是一个重新准备与制作资料的过程。而为了确保所有考评资料万无一失,不出差错,每逢重大的检查之前,政府办公室一般都会事先对照检查标准,列出一份详细的备检清单,然后按清单所列,对所有资料统一进行重新地制作、核对、装袋和发放。这也真辛苦了我们的干部,但不这样做就通不过检查,通不过检查就要进"笼子"管理,而一旦进了"笼子",不要说大大小小的检查考评跑不了你,所有的评先、评优、提职、提薪、晋级等也都没有份儿,直到出"笼子"为止。所以,再苦再累,工作量再大,也要按质、按量、按时地完成。事实往往就是这样的,有稍多调查经历者都知道,一些乡、村的档案,与其说是对日常工作的整理和记录,不如说都是这样在迎检之前的突击中制作出来的(现在一些高校正在搞的什么检查评估,不也是这样干的吗?)。对此,与其去苛求,不如一笑置之,将其正解为一种有特色的运动化管理模式，即依靠检查来促进规范化和制度化建设。而用时髦的学术话语来表达，这大概可以归入某种"新传统"一类的范畴，只不过，若是想用这些材料来做研究，就得多长个心眼了。

如果这种迎检的游戏仅仅是政府内部的运作，也就罢了，花再多的人力和物力，也只是体制内部的资源运作、循环和损耗。但乡镇工作是面向农村的，各种档案材料和数据的指向物皆为村庄和农民，于是，乡镇要备检，有时候就不得不将村干部和农民也拉出来陪练。以准备村级档案为例，一个乡镇20至30个村，只靠乡干部，人手根本不够，这个时候，村干部也得上阵来参与这种"数学作业"。但村干部和乡干部不同，后者是公务员，饭碗捏在领导手里，一声令下，一般的干部就是有什么看法，发发牢骚，过过嘴瘾也就罢了，该干什么还是得照样干。谁都知道，现在可正闹机构改革呢，你要是不怕下岗走人，就一边儿歇着去，所以，有哪敢说的，却没有哪敢做的。可村干部就不一定了，他们不吃皇粮，检查来了，光凭乡干部的面子就要村里配合，可能会有些问题。现在是市场经济，干什么都是要见利益的，所以，为了确保检查不出问题，乡镇政府就要准备出血，往往是由乡镇的一把手出面向各主职村干部承诺，工作干好了，检查评了先，政府便奖励村里多少钱，村里拿去怎么分，政府不管。这样一来，村干部的积极性就上来了，于是，村里也跟着乡镇做起了各类数学作业。

不过，这一招不可能用来对付农民，农民不处于乡村权力与利益的互动网络中，更没有什么东西被攥在政府手里，使他们那么容易听从干部的调遣，用干部自己的话来说，现在的农民是"有吃有穿不求你，种啥做啥不干你，有了问题却找你"。所以，要他们来陪干部玩迎检的游戏并不那么容易。但现在上面的检查越搞越细，不仅要检查文字性的东西，还要进村入户，直接深入农家询问情况。这本也是为了杜绝形式主义和基层作假，可这样一来，乡镇就不仅得做好迎检之前的案头准备，还得想办法将这些"作业"的内容和答案让受访的农户知晓与熟悉。例如，每年的计划生育例行检查，检查组总是会向对象户询问诸如计生干部是否上门随访、来过几次、什么时间来的、都交代了什么事情等问题，如果对象户一问三不知，或者说不清楚，检查者就可能由此反推乡村工作的真实性，从而直接影响到他们对基层计生工作的评定。那么，如何才能让对象户掌握这些必问的信息呢？这就得动脑子，想主意。我们知道，村落日常生活本来以散漫与无规则为特点，偶发性的事件—过程、不经意的询问与对话，如果不经过特殊的强化灌输，你能肯定对象户一定记得住？假如计生干部做了工作，但对象户在接受问询时却答不上来，就有可能形成对已做工作的否定。再假如有的对象户与干部有矛盾，故意乱说，把有说成无，也可能会出问题。为了防止类似情况的发生，在既没有办法向农民做强制性灌输——这样做会引起对象户的反感，起相反的作用，又没有办法确保农民一定会主动配合工作的情况下，计生干部想出了一套既不"扰民"，也不求民，又能在不知不觉中让农民"上套"的办法。即是说，通过特别安排的自检自查，将上级检查时可能涉及的内容预先操演，以让对象户将计生干部平日里已经做过的工作反复地"印象化"和"程式化"。

基层干部有着丰富的实践想象力和创造力，在上级的检查到来之前，计生办的干部便三天两头地进村入户，以检查者的身份反复向农户询问上级检查时可能会涉及的问题，以使这些问题在对象户的心目中形成深刻印象；如有不知者，再来一个现场的解释和提示，让对象户理解、巩固和消化。在整个过程中，干部们搞得跟真的检查一样，并不告诉农民这只是一场预习和"背书"，这样，对象户便在不知不觉的仿真环境中习得了应对检查所需要的所有知识。于是，未经被检查者察知，也不需要给任何劳务报酬，却达到了向农民灌输和强化记忆的效果。

乡镇干部用这一套办法来操练农户，村庄计生专干为了显示能力，有时也会以同样的办法先将对象户操练几遍。所以，往往是乡镇干部还没有开始动作，计生专干就以自检自查的形式先将这套游戏玩起来了，结果，等乡镇干部下户，发现对象户竟然能够对答如流。"这真是奇了！"计生办的人颇感惊诧，但惊诧之余，他们也很快就反应过来，既然你能这样来应对上面，下面又为何不会以此来应对于你？于是，彼此相视一笑，也算是找到了几分战友的同情。

一切都万事俱备，只盼着上级来检查验收了，成果是可以料想的，上级满意，下级更振奋。当然，在此之前，还有一件事情是必须要做的，那就是想办法打听到上级有关检查的信息，如检查的时间、线路，检查者的行踪，甚至于检查组的车号，等等。这样，不待检查者上路，一切就早已经在迎检者的掌控之中了。

基层的这些匠心独运不能说上级就不能领会，他们不同样也要经受更上一级的检查，做同样精心的准备吗？前面提到的那位学界的同行就说过，在应对自上而下的检查中，地方上存在一种规律性的现象：如果是省里来检查，那么，市、县、乡、村都会紧急动员起来，共同应付；如果是市里来检查，县、乡、村则都紧急动员起来，共同应付。比如省里检查时，市里有关部门就会提前探明情况，向下面的县提供某些检查信息与应对方法的"公共服务"；当市里来检查时，县里有关部门也会为乡镇提供同样的服务。于是，在这个过程中，检查者永远处于被孤立状态，犹如一叶扁舟驶入汪洋大海，而被检查者则利益一致，团结一心，共同对"上"，犹如布下天罗地网，将检查活动消解于无形［参见赵树凯《乡镇政府的应酬政治——10省（区）20乡镇调查》，三农中国网 2005 年 8 月 15 日］。有备如此，还有什么困难不能拿下！

必要时还有绝杀的一招，那就是给每一个到访的检查人员适时地"上菜"。

可以预料的结果自然是皆大欢喜，上级得到了他们想要得到的考核数据，乡镇在检查中创造了优异的成绩，由此，乡村的工作上了一个台阶，进入到一个更新的层次。

现在，全国的新农村建设正在红红火火地展开，不知道是否又多出若干需要考核的指标，多出多少个重要和不那么重要的检查评比。

不过，基层政府打心眼儿里却并不愿意这样做，甚至于还很烦，但他们能不继续这种游戏吗？

而令我个人所惶惑的另一个问题则是，我不知道本文的写作究竟是在提供一面反思的镜子，抑或是某种迎检的"教材"。

写于 2007 年 3 月

研究杂感

农村政治研究：缘自何方，前路何在

农村政治研究作为恢复和发展中的当代中国政治学研究的一个重要构成，其发展已有十多年的历史，在这十多年中，它的生长和发展给当代中国政治学注入了一股充满生机的新鲜活力，影响了作为中国社会科学一个重要组成部分的中国政治学的学科方向，丰富了它的特征。作为参与这一过程的一个实践者，我深切地感受到它在这一历史进程中所留下的清晰足迹，以及它在目前所面临着的一些需要思考的问题。而无论成绩还是问题，也都是与这一过程共始终，因此是我们这一代实践者所共同经历的。

与社会学、人类学乃至历史学等积淀深厚，与农村社会和田野研究方法具有亲缘关系的学科相比较，作为一种自觉的学科努力，新生的当代中国政治学与农村和田野的结合是十分晚近的事情，大胆地估计，也就是最近15年的事，并且，作为一种着意开拓的研究方向，政治学与农村的结缘从其开始处来看，也并非始于一种学科主流的有意而为，很大程度上，甚至可以说是由 20 世纪八九十年代的历史机缘所促成的一个"意外"的结果，这种"意外"反映了大环境中一种学科的集体被动与困境。

回首 20 世纪 80 年代初，中国政治学刚刚恢复，就一路高歌猛进，以推进中国政治发展和政治体制改革为己任，一时间，其学科和社会影响力在新恢复的法学、社会学诸学科中处于领先位置，几乎可与经济学相比肩。这种显要是历史所赋予，并在 80 年代中期达到顶点，以致后来者迄今也难以望其项背。可以说，那是一个政治学再生却激情澎湃的年代，也是政、学两界的一个蜜月时期。在那样一种百废待兴，一切仿佛都需要重新认识和选择的时代背景下，政治学的基本取向直指中国政治社会结构的上层，而根本无暇将处于这一结构底层和边缘地带的农村纳入自己的学科视野。

进入 90 年代以后，中国政治学从充满启蒙理想的半空中回到现实，从那以后，历史给予政治学的，是在服务于以经济社会发展为中心的改革与建设中寻找学科定位的机会。正是在这样一种转变之中，一些学者开始了未必始于自觉，但最终却又高度自觉的学术重心下沉，虽未放弃对宏大话题的关怀，却致力于去追问历史变化背后的社会文化基础，于是，农村成了他们进行这种试探性耕耘的一块处女地。

研究杂感

如果我们回过头来对这个时期的中国政治学做一整体上的评估，可以大体上归纳出两个新的时代特征：一个是与国际学术相接轨的尝试。以这种取向为研究指归的学者，在此一时期致力于学科乃至学术的重建，此时，一些西方的重要学术思潮、学术范式、研究方法和学术概念被引入，并从外形和内核两个方面影响到此时的中国政治学学术。另一个重要特征，就是自觉地摒弃布道和注经式研究，从西方的唯书为上转向实证和经验的研究。正是在后一种取向中，对于中国农村的政治学研究开始很快取得引人注目的独特地位，并且因为种种国际和国内的原因而成为新时期政治学发展的一个成功范例，获得了体制内的认可。结果，到了20世纪最后几年，如果说在当代中国现实政治的研究中有所寄望，并受到海内外和体制内外所普遍关注的，大抵就是这农村政治了。这一时期，作为政治学领域的跨问题公共领域，你不能不谈农村，不能不谈农村政治研究，不能不谈村民自治研究。中国政治学也因为有了村民自治研究这颗明珠，不仅重新获得体制性资源，获得国际学术界的关注和各种资助，而且还几乎带动了整个政治学科的再度崛起，乃至于有学者称，中国政治研究在这个时候几近进入到一个言必称乡村民主的"草根时代"。

上述状况无疑首先是由时代造就的，其次也是学者的努力与历史机缘相碰撞的产物。明白了这两点,我们也就得以明白此一时期新生的农村政治从研究内容到研究方法上的特点。首先,从研究内容上看,中国政治学的主要研究对象由宏观、高层向底层和中、微观的转向,由历史条件本身所促成,但研究对象的转变却并不必然意味着研究者素有的研究情怀的转变,毋宁说,此一时期的农村政治研究在很大程度上是对过往宏大关怀的一种替代和移情,正是这种自觉不自觉的替代与移情决定了其研究价值的定位。因此,此一时期的村民自治研究在实质上被看作是对更为宽广和复杂的未来中国政治发展研究的试验和起点。所以,这种研究是村庄的,却又不是局限于村庄的;是关于中国农村的,却更是关于中国政治的。这一特征对于政治学学科的影响既有积极的一面,也有消极的地方。从正面影响看,具有宏大关怀的村民自治研究的影响很快溢出了村庄研究的范围,成为一个涉及社会科学领域,乃至知识精英领域的热点问题和公共性话题,从而带动了公共政策的变化,吸引了更多的学人和青年学生投身于研究。而从其不足的方面看,由于其研究的价值关怀实质上在村庄之外,因此,过于强烈的宏大关怀十分容易遮蔽研究者对研究对象——农村社会自身的认识,或者说使这种认识缺乏农村主位。其次,过于宏大的价值关怀与研究方法上的微观个案的联姻,在加速经验研究与学理研究结合的时候，也容易使来自于农村社会的"经验"成为论证某种先在理论政治正确性的材料，从而造成对"经验"本身的切割与拼装，违背田野研究的内在要求，使这一时期的研究在显现出个案与田野外貌的同时，又呈现出某种非个案和非田野的特质。所以，现在看起来，这一时期的一些农村政治研究和村庄调查看似农村和村庄的，但在实际上却既是非农村也是非村庄的，看似田野和个案的，但它在本质上却可能恰恰是非田野和非个案的，因为它的全部研究目的都在于自觉不自觉地去论证一种先在新政治理念的正确性，从而使其自身被打上了某种新的泛意识形态研究的色彩（不带贬义的）。

这种意在论证政治发展目的性的农村政治研究对中国现实经验研究的最为直接的影响从两个方面表现出来：一是其村庄研究的自然向上抬升性，二是其研究方向的水平横移性。我们注意到，这种农村政治研究在一头扎入村庄之后，尚未来得及深入，又很快地漂浮上来，当《村民委员会组织法》从试行转为正式，村民自治正式成为我国农村的一项重要的制度构成之后，这种身在村庄、心怀中国的农村政治研究在村庄之内的使命实际上就宣告结束，继之而来的是高一个层级的乡镇政治研究。此时，各种各样关于乡镇体制改革的讨论继村民自治之后成为政治研究的新主流话语。但是，这一话语的出现，与其说是现实中的乡（镇）—村关系遭遇到远比其他诸如县—乡关系、县—市关系、省—市关系和中央—地方关系更大的问题，不如说是怀抱宏大理想的农村政治研究本身具有向上提升和重新寻找研究对象的需要，是其价值情怀和政治发展路径设计的必然延续。与这种乡镇话语逐步取代村庄话语相关联的，是将村民自治研究横移向城市社区，力图在城市再造一个政治学研究的新的公共话语平台。然而，中国城市的社会结构与村庄社会毕竟相差太大，如果说"乡政村治"的确在某种程度上再造了乡村社会的基层组织框架，那么，当下中国城市社会结构尚不充分的社区特征，则使这一努力很难成功。最终，受村民自治影响和启发而开始的城市社区研究归位于一种专业性的政治学术研究，并因此获得自己的存在空间。

然而，人们总是说，理论是灰色的，实践之树常青。无论实践者怀抱多么强烈的价值关怀，但只要面向实际，深入村庄，以某种先验理论预设为前提的农村政治研究就必然要发生变化和转向。正是因为如此，农村政治研究也就相应出现了第三个特征，即面向农村，深入村庄，以研究和解决农村和农民自身的实际需要为指归，以理解和阅读转型期中国农村政治特征本身为目的，力争发展出更"农村主位"而非绝对"国家主位"意义上的农村政治研究。这种学术取向的形成首先得益于扎实的乡村调查的启发。例如，正是长期和深入的田野调查和驻村研究，使研究者体会到作为知识分子之公共话题的农村政治研究与实际改良农村政治社会状况的农村政治研究之间的区隔，体会到意识形态意义上的乡村关系改革研究与实际改良乡村治理意义上的乡村关系改革研究之间的区隔，从而开始自觉地告别大话语下的乡村政治学，而开始致力于追求从乡村理解乡村，让农民自己说话，从对乡村的阅读和理解中提炼学理性知识，从乡村的政治运作实态与生态出发去思考改良农村治理体制的公共政策。同时，这一转型的出现也与此一时期农村政治研究对其他学科和研究方法及视角的吸纳有关，正是在这样一种从研究立场到研究方法的转变中，农村政治研究开始出现了一些引人注目、各有侧重而又相互联系的新趋势：

（1）以描述和解释农村基层政治实态及其支配机制为研究旨趣的新取向。这种研究取向的目的在于通过深入发掘和理解影响与支配中国乡村政治运行及其深层机制的"地方性知识"，重新发现和认识中国乡土的经验。并力图以这种经验来丰富和重构中国基层政治的图像，最终为学理的操作提供一个真实的经验平台。这种研究看似立意不高，其实志向高远。因为研究者们已经意识到，自19世纪下半叶以来的各种各样的西学东渐过程中，在促成中国传统学术走向科学化和现代化的同时，也在有意无意地以自身所特有的视角再造和重组本土的经验，以至于我们理所当然地认为是创造新理论来源的本土经验，实际上已经在潜移默化之中被改造成为论证各种西学当然地具有先在政治正确性的"本土经验"，从而使我们脚下的这块土地事实上也成为一个我们自以为熟悉，但在实际上却需要花大力气去重新认识的"远去的他乡"。因此，只有重新化"生"为"熟"，才谈得上重构理论。而这一尝试表现出强烈的人类学倾向，并在事实上是由政治学者自己，而不是经由人类学者的越俎代庖，开拓出中国政治研究中的政治人类学路径。（2）以研究乡村政治及行政体制和结构为取向的研究。这种研究尽管尚未完全摆脱宏大意识形态话语的影响，但它此时更为关注实际解决阻碍中国农村政治与社会发展一系列问题的努力却十分明显，它力图更加专业和技术化地去思考和解决乡村的结构问题，而不再满足于仅仅为了去证明某种发展逻辑。近年来重新出现的乡村建设运动的种种尝试，虽然还不成熟，却实际上是这种政策性研究的努力在社会运动层面的体现。（3）农村政策的社会基础研究。这种研究以探讨政策绩效差异与地域和社区的关系为起点，最终落脚到着力理解转型期乡土社会的特性、原因及其走向，力图在联结学理研究和政策研究上做出尝试。这种研究其实与第一类研究有接近之处，但它们之间却始终又存在明显的张力,这表现在这种研究的拟社会学特征和它始终执着地要在学理研究与政策研究的中间地带建立明确而结构化的联结,并力图据此开拓出一个以问题带动学科的研究领域。(4)主要将乡村社会作为丰富和发展中国政治学及整个社会科学理论灵感来源的研究。这种研究是以学科为导向的,它更具有世界性的学术关怀,学者们相信,作为超大发展中国家的转型期中国农村不仅是中国学术发展最为重要的一个灵感来源地,而且也必将为确立中国社会科学的国际地位做出贡献。由于其宽广的学术积累,这种研究已经越来越具有国际的视野和学术水准,而基于本土经验的学术追求也成为其中一个十分重要的路向选择。

上述研究也同样会激发出农村政治研究与其他学科在研究方法上的交叉与融合。例如,通过借鉴社会学的视野和方法,不仅丰富了政治学者对于中国乡村政治的想象力,也丰富了他们的表达语汇,扩大了他们的研究视角,对政治的社会基础的重视,本身就促成了政治社会学的成熟。又如,借助于人类学,政治学者不仅学会了农村研究的主位关怀,更为重要的是还掌握了一种新的研究文本的表达方式,而在这种文本表达方式背后所体现出来的,已经不仅是研究者对地方性知识与经验的重视,更为重要的还在于它直接影响甚至改变了研究者的学术立场以及对学术本身的认识,一些学者正是通过拟人类学的田野研究,寻找和构筑起与后现代中国学术的关系。而通过借鉴历史学,也正在使当代乡村政治的研究也显示出更加纵深的学术视野。

但是,也正是这种从研究内容到研究方法的转变,也给农村政治研究自身的发展提出一系列需要进一步去思考的问题。例如,如何处理政治学的农村研究在方法论上与社会学和人类学等相关研究的学科界限。虽然说学科的交叉与融合有利于学科的发展和创新,但是,在交叉、融合的过程中自觉界定学科分工及方法定位,却有助于学科自身地位的确定,并关系到学科的存在价值。如何处理微观和中观层面的农村政治研究与同样微观和中观层面的其他实证性政治研究的关系,实现研究成果的沟通与交流,不仅关系到农村政治研究自身的发展,同样也关系到整个政治学学科的发展。又如,如何处理经验性的农村研究与学理性的政治研究的关系,乃至于学理性的其他社会研究的关系,在中国学术走向国际化的过程中确立其自身的学科地位和研究价值;如何使立足于学理的研究与立足于政策的研究发生联系,而不是彼此隔膜甚至对立,等等,都是在这种研究的深入发展与转型之时所必须要思考的。这些问题的思考和解决不仅关系到农村政治研究自身的发展,也同时关系到整个学科和社会科学的成熟。当然,我也明白,这一切问题的逐步解决所要依靠的只能是众多学者长期艰苦的努力,而非又要去寻找一种更换了形式的新学术意识形态的倡导。

写于 2005 年 2 月

此集体非彼集体
——读项继权著《集体经济背景下的乡村治理》

中国农村的集体经济有着十分特殊的历史，它让人唏嘘，也留待后人记忆。在这种背景下，项继权博士以集体经济为题来探讨改革开放背景下的乡村治理，便容易使人感到是在做一件十分吃力的事情。但读罢其著《集体经济背景下的乡村治理——南街、向高和方家泉村村治实证研究》一书（华中师范大学出版社2002年8月版），才知道作者其实是另有所谋的（至少我本人是这样认为），它所讲述的，实际上是中国农村工业化和城镇化背景下乡村转型的路径依赖问题，故而虽然同为"集体"，但是，此集体已非彼集体矣！

南街、向高和方家泉这三个正在工业化的村庄是项博士这部书所研究的三个个案村，言其为村，是延续其不变的行政架构的说法。对于后两个村，我不熟悉，但提到南街村，也多少耳闻过一些。以如此名噪天下的村庄（如果还可以叫村庄的话）作为研究对象，自然十分吸引眼球，而书中殚精竭虑所分

研究杂感

析和揭示的那在经营农业上已经被证明是不成功的集体经济在经营工业的过程中却能转而成功的经验，也不能不使人产生种种联想。

其实，在改革开放初期，当社会主义市场经济尚未建立起来时，无论经营农业还是工业，以原有的集体经济体制来配置和运作资源，大概总免不了是乡村经济起家的一个做法，而权力经营市场的成功，且在一段时期内创造出中国乡村工业化的奇迹，则离不开20世纪80年代我国大的经济背景。这个背景正如项继权在书中所分析的，一方面是"狼"还未来，外资尚未大规模的进入；另一方面，国营企业自身也尚未改变经营体制，尾大不掉，由此，产品短缺的中国市场在一个时期内给新兴的乡镇企业提供了十分难得的发展机遇。对这一机遇的占有，抢得了乡镇企业在中国市场份额中三分天下有其一的格局。应该说，这个时期船小好掉头的乡村企业的确比尾大不掉的国企更具有经营上的灵活与优势，再加上有以追求地方利益最大化为己任，被人们视为"厂商"的地方和基层政府的撑腰，抢得了先机的乡镇企业硬是撑出了自己的一片天地。于是，一步抢先，步步领先，终于使诸如南街这样的村子有了现在这样的地位，并进而引来了人们对乡镇企业作为中国农村工业化和城镇化的光明大道的喝彩。然而，曾几何时，当形势变化，外资大规模进入国内，经过改制的国企也喘过气来，与外资一起共同占领与分割市场，并最终使中国经济由产品短缺型变为产品相对过剩型后，除了那些已经拔得头筹的乡镇企业尚能维持生存乃至于继续发展，内陆农村真正的乡村工业化还有几个成功的例子？相反，曾经普遍的工业化经营反倒成为目前中西部农村普遍负债累累的一个重要原因。这个时候，无论是号称集体经济的村庄，还是以个私经营为特色的村子，大片死掉或垮掉就成了并不少见的乡村景观。在这一宏观背景下，任你是能人、贤人还是强人，都一样的没辙。市场就这么大，实力雄厚的外资大举进入，许多大中型国有企业都举步艰难，又何谈农村集体经济这样的游击军？何况其中那些有幸成功者今日也早已是鸟枪换炮，从技术、资金到管理模式都变成了正规军，开始干起与城里单位一样的雇佣外地打工者，以最低成本换取最大利润的买卖，因此，这样的"村子"是否还能继续被称作村庄，这样的企业是否还能被称作是村企，进而是否还真的能套用集体经济这样的名称，也都已经成为一个值得研究的问题。

但是，依据寻常人的思路，像南街村这样的硕果总算为"集体经济"挣得了一些脸面（不仅是南街村，东部沿海地区的许多工业化"村庄"也可能都如此），以至于又勾起了不少

研究杂感

人对已经逝去的那个大集体年代的怀念。君不见有多少人去南街村，似乎是为了去证明什么，当然，也有人是为了去挑剔些什么。而围绕着南街村，又引出了多少争论，产出了多少学术著作与文章，以至于集体经济在20世纪的最后几年间突然又成了人们关注的一个"问题"（但这是真问题还是被建构出来的"问题"？）。其实，若单纯从经济角度看，我以为问题远不必非要扯到集体或个体这样的高度，更不必扯到价值和意识形态判断这样的高度，不过是有了能人（也许称之为有为之人更恰当），又抓住了机遇，成功地运用既有的权力，又成功地运作既有的资本罢了。设想如果当时的农村存在着大量的私人资本，在20世纪80年代那样一个大好的市场环境下，不是一样也成功了？如若不信，查查那些在改革开放中第一批富裕起来的部分大款的发家史便知。所以说，集体在这里的功绩也主要还是扮演着资本原始积累时期与个体或权力资本相类似的角色，说到底，它只是现实中中国乡村工业化和城镇化初始阶段一个无法回避的历史"路径依赖"问题，而非集体或个体治理的功过问题。如果一定要说与集体有关，只能说在改革开放之初，中国农村除了集体资本可资利用之外，并不存在个体资本大量生成和发展的前提。谁都知道，集体经济在当时是中国社会两大最基本的经济构成形式之一，在市场经济初起时运用这一形式，从农业转向工业，以权力去运作市场，也是最为方便和再自然不过的选择，这既是历史可以被创造，却又只能在既定的环境下创造的缘由，并非一定要将其抬到"特色"道路的高度。我一贯不主张过分强调特色，过分强调特色实际上就预设了历史发展中存在着某种既定的发展模式。至于说工业化和城镇化背景中的乡村"集体经济"相对于个私经济在治理中有何特色，我们又能从中悟出多少民主与法制的现代萌芽，那倒是另外一个问题。但我个人以为，切切不可为了表明与西方理论的反其道而行之而制造出理论。

  不过，既然中国农村现代化转型所面临的社会结构和体制环境与西方大不一样，运作市场的方式自然也就有所不同，既然承袭了集体经济的衣钵，自然也就继承了以权力运作经济与社会的传统。所以，我们便看到项继权博士书中所揭示出来的那种新时期集体化背景下的乡村治理，也就充满着挥之不去的大集体时代的诸多特色。在这一方面，项博士以他精细和深入的研究为我们展现了一幅乡村政治转型的生动图景，并且为后人了解和认识 20 世纪末叶的中国乡村社会留下了弥足珍贵的资料与思考。

  也许很多人并不情愿去回忆大集体时代的全能化治理，但是，既然中国乡村的工业化只能这样别无选择地一路走来，那么,探讨这种体制模式在从农业向工业的转型中所呈现出来的治理特征,就是一件十分有意义的事情。因此,当人们在阅读项继权或者其他学者分析诸如南街村等以集体经济模式实现发展的著述时,评价可能会有不同,但无疑都会为他们能忠实记录这样一段历史而高兴。因为对于中国的学术,这样精细的案例研究不是太多,而是十分缺乏。

以上所言,难说是书评,不过是借书说了几句想说的话而已。

写于 2004 年 8 月

感受经验
—— 田野研究方法散思

一般的理解,学问即透过经验去建构理论,而后又以理论观照经验,所以,有人说做学问如磨镜面,目的在于更好地反映经验和验证理论,故而研习理论的一个目的便如锻造降魔神器,借此去捕捉事实,使之呈现出某种得以梳理的秩序。在这个意义上,作为理论对应物的经验便如与主体无涉的客观实在,其价值全然在于等待人们用理论的视界去发现、洞察、采掘和加工。

然而,读书经年方有感悟,犹如理论,经验也远非与主体无涉。人类自有智慧,进入知识时代起,便开始在实践进程之中为自己铺设一条通往理解的道路,沿着这条道路前行,才有对于经验的理解和解说。这条认知之路是一条不断被规训的路,其中充满理解方式与经验材料的相互融通和影响,而非以镜观物,反映物和被反映物的位置清清楚楚。所以,就有人说经验也同样不是自在之物,而是使人生疑的人造之物,它通过特定的感知方式被呈现出来,等待着人们以某种解释进路去认识和理解,没有一定的观物方式和敏锐的问题意识,社会实在即使如神祇般矗立山端,人也可能视而不见。反之,茫茫大千世界中也总是能随处找到支撑某种解说的材料。由此,我得以体会,理解一旦开始,经验已非透明之物,理解经验的过程也就是将理解的模块和视界嵌入社会实在的过程,这种模块和视界本身即如眼镜,它帮助我们认知,也规训和局限我们的认知路径。所以,进入人的视野的经验不会是不渗入理论色彩的纯化液体,一定程度上,人们戴上什么样的有色眼镜,就将看到什么色彩的经验现象,并赋予其相应的意义。因此,理论对于人们也就具有了福柯意义上的权力效应,它撑开人们的眼界,也同时决定人们的观物方式,甚或也会遮蔽人们的视野,因为视野本身已经受到一定理论的框定。

这种体验在近年来的田野研究中感受至深。田野研究的价值在于以琐细、具体的生活事实去体察超离于事实的理论,然而,对于什么是琐细而又具体的生活事实本身,却可能并不是一件十分容易认定的事情。记得在川东双村进行村庄口述历史调查时,老农们对于解放初期土地改革的态度就引起过我的好奇。双村是一个十分普通的山村,在不甚发达的交通和通讯条件下,它较多地保留下传统农业型村落的特色。20世纪上半叶，这个村最为基本的特征是普遍贫困，这种普遍贫困用学术语言来表示，就是建立在"封建土地所有制"基础之上的社会特征远不如孙中山"大贫小贫"的解说来得直白。双村土改前的土地分布，根据人民公社时期留下的历史台账记载，地主户均17亩，中农户均15.7亩，差别不大。土改之后的情况是，村里的"大贫"与"小贫"相互换了个位置，彼此也更加平均。按理，这种均平的土改不能从根本上改变农民的经济状况，否则，也就不好理解几十年之后包产到户同样受到农民欢迎的情景。但值得思考的是，像别的地方一样，土改仍然受到绝大多数农民的欢迎。为什么会这样？对于像我这样一个在青少年时期接受过阶级斗争教育，以后又亲历此一话语体系消解的人来说，这个在过去本不是问题的问题引起了我的追问。为什么不是这样？多个老土改以几乎同样肯定的语气回答我的问题："从前，我们每家人都有土地，后来被地主夺去，现在翻身解放，土地又回到了我们手上。"看起来，地主剥夺农民土地应该是农民生活中真实经历的一部分了，否则，他们不至于回答得那样的一致，所以，接下来的问题就应该是地主是如何夺走农民土地的。这种追问既是基于对传统阶级斗争的依从，也是田野调查的深度挖掘所必需的，但此时我所期待的无疑应该是一个基于经验事实的回顾，而非那人人都熟知的理论拷

研究杂感

贝。"你真是没完没了,比工作队还工作队。"面对这种刨根究底,被问者有些不耐烦,语塞之下一时不知该如何回答是好,这不是明知故问吗?"过去,我们无钱买地,现在,不花钱却得到土地,你说好不好?""过去,贫穷耻辱,现在,贫穷光荣;过去,发财人瞧不起我们,现在,他们倒霉了;你说好不好?"被最追问得不耐烦的老农干脆改用这样的话回答了我。面对这样的反诘,疑惑没有解开,新的想法却随之产生,看来,要本来就没有习惯记旧账的农民理清楚上一辈或者上几辈的"家庭经济变迁史"是有相当困难的,而要他们脱离那些已经成为一种"事实"的知识去回忆可能构成这种知识背后的经历,并分清楚在这些经历之中哪些是他们所曾"亲历的",哪些又是"被建构出来的"就更加困难。所曾亲历的历史早已被岁月湮没,留下来的则是经过话语过滤的社会记忆,在这里,经验本身已经从属于那些关于社会事件的宏大叙事,与理论相融,而无法再详加区分。不知道这可不可以算作是国家叙事与村庄叙事的互动过程的一个案例。

可见,经验的厘定已经无法离开对理论的清理,不同的叙事框架完全可能切割出不同的经验实在,至少可能使人们对同一经验实在做出不同的理解。故而,即使是田野研究的经验性描述,也还得不断地反思理论。是像早期西方人类学者那样透过对异文化的研究以进行某种社会进化的排序,还是像马林诺夫斯基那样以"文化持有者的内部眼界"去描述和尊重被察知者,是如镜面观物那样坚持理论对于经验的透明性反映,还是如吉尔兹所倡导的那样去解读经验性文本背后所透射出来的相应文化—符号体系的关系,做理解对象的理解和在解释之上的解释,不同学术宗旨将使呈现在人们面前的经验现象的观察意义十分的不同。既然经验的完全复原没有可能,那么,我个人将更愿意做某种理解性的传递和表达,尽管这样做仍然会不可避免地渗透进我对经验材料的特殊理解与处理,但我还是以为它较之结构化和数据化的分析可能更加贴近经验的母本本身,至少可能会少一些粗暴的切割、拼装和推测。

这样做无疑是一个重新学习学术化书写和言说格式的过程。我们早已习惯于按照各种数据、图表和结构化的格式去书写与表达经验,目的在于证成它们的普适化和可推移性,但却忘了这样做也是以降低经验复杂性与牺牲殊异性为代价的。现在,我们正力图尝试以另一种新的方式——感受、体验与理解的方式——去重新表达我们所触摸到的经验,以传递出它的特殊性、复杂性以及意义的多样真实,目的则在于强调殊异与接近客观。这样做可能充满主观性和非规范性,在强调客观和规范性的主流学术表达范式仍旧纵横驰骋于学术疆场之时,不会没有风险,例如被质疑为是否学术,是否具有代表性,如何推演,等等。但是,只要一想到作为学术基石的复杂经验被以科学名义进行的统计、结构式研究简单化,无法做出尽可能贴合的呈现时,这种尝试本身却会产生如发现真实和解救人质般的按捺不住的兴奋,从而支撑着田野工作者不辞辛劳与烦琐,继续去专注于经验的理解和言说。

对于经验的感受,田野研究的确具有独特优势。黄宗智曾经这样认为:"从方法的角度看,微观的社会研究特别有助于摆脱既有的规范信念,如果研究只局限于宏观或量的分析,很难免套用既有的理论和信念。然而,紧密的微观层面的信息,尤其是从人类学方法研究得来的第一手资料和感性认识,使我们有可能得出不同于既有规范认识的想法,使我们有可能把平日的认识方法——从既有概念到实证——颠倒过来,认识到悖论的事实。"(参见黄宗智《中国研究的规范认识危机》,载其著《长江三角洲小农家庭与乡村发展》,中华书局2000年版)。如果说黄宗智还主要是从自己对中国历史研究的感性体验层面言及田野研究对于解脱理论对于经验束缚的作用,吉尔兹则在方法论的意义上思考了经验研究的本体论价值,"地方性知识"的概念无疑在昭示一种方法论的缘起,其着眼点"不在于仅仅对异与同(difference and similarity)的逆向探讨,而在于从发生学的渊源去追溯其命名学甚至是思维论上的歧异",在于强调经验本身所具有的特定性、情境性、具体性和互文性。由此,个案"深描"对宏观研究的关系就不再是所谓"饾饤之学"与"空疏之学"或"训诂之学"与"义理之学"的互较高低,而是不同哲学信念背景下两种观物方式的取舍,是对知识条分缕析的情景化阐释和一般性总体陈述的两种义理的追寻,是对描写的理解和描写的概括的不同主张。于是,我开始有些明白素来自居于象牙塔中,成天与奇风异俗为伍的人类学家近年来何以也如经济学家那般闯入闹世,对现时人文社会科学的其他领域表现出方法上的扩张和输出,原来,正是借助于人类学式的体验和感悟,许多曾经被普世化过的真理重又具备了历史和地方性经验的特征,这即是感受经验所做的贡献。

柯文说过,人们对于历史有三种言说的方式,即史家笔下的历史、经历者的历史和作为意识形态而存在的历史。经验的言说也是如此,田野调查者无疑应该以作为经历者的经验去解构和拆卸那种被某种外部逻辑所规训的"经验",并以此去反思规训本身。因此,在当下可以被笼统称作"中国经验"的社会实在尚且被许多似是而非的大词所笼罩的时候,通过田野调查返回到常识,去感受经验的多相性、流动性、殊异性与模糊性就有了很大的用武空间,且已经渐具某种跨学科的方法性启示。

与数量化分析不同，田野调查所强调的是对经验的质性理解，甚至不反对调查者本人对经验的个性化体验，这一点倒是与文学和美学存有相通之处。正因为如此，我们就更加强调田野调查的洞察功能、评论功能和揭示功能，甚至在一定程度上也强调它的演绎功能，而不强调（至少不着意强调）它的归纳和统计功能。田野调查也许不能告诉我们某种经验的宽泛性，却可能揭示其深刻性，广度和深度本来就是经验探讨所要追寻的两个基本维度，只要我们不是固执于前者在学术研究中的唯一正统地位，就应该承认，这一研究进路已经极大地丰富了人文社会科学把握经验的手段。其实，它也早已经不仅仅是把握的手段，更是表达的容器，因为对于经验的感受还得寻求合适于这种感受的文体表达，即如果要揭示实践过程对于事物发展的增量作用，就得寻求诸如"事件—过程"那样的分析和言说方式，以展示实践在影响事物发展过程中的生产功能。对于经验感受的高度重视已经使叙述作为一种学术文体得以复兴——首先在历史学，而后又在社会学，人们已经意识到，结构主义的语体已经在不经意中将鲜活、流动、充满不可预知变数的人的活动变为冰冷、静态、抽象和线性的"经济""政治""文化"的数字作业和规律逻辑的板块切割，而唯独缺少了人的灵动气息，同时也抹杀了历史的建构性。因此，要将人重新置于人文社会科学研究的中心舞台，重新展示社会历史的机变，也就应该为叙述在表达和传递社会实践之复杂、多相和生产性方面的优势正名。所以，叙述已经不仅仅是展示经验之时空维度的一种形式，它本身也已经发展成为一种与结构主义表述方法并置的研究方法——有人称之为叙述主义。让经验的复杂性和意义的多样性通过恰当的叙述呈现出来，实现叙述性的思考，以促进人类的自我意识，使之成为更加清醒、更富理性、更积极影响未来的主体，已经成为不同于一般量化社会实证理论的另一条得道的通途。在目前，我们借助于这一通途，也许有可能为诸多无以归类的经验提供理解和建构的更为合适的形式，至少使它们避免陷入那种以理论扦格经验，或者将中国经验作异域化理解的词与物的对立。

以福柯的视界，权力无所不在，话语是一种权力，无法脱离话语传递的经验同样也是一种权力，因此，我们还应该对理论与经验这两者沟通的权力效应保持一种应该具有的警觉，若非如此，理论很可能就是研究尚未开始之时潜意识中就早已欲求的理论，而经验也同样可能只是安排于潜意识理论框图中的按图索骥的经验。面对这样的"经验"，我不知道它们究竟离那不可复制的母本更近还是更远，我也怀疑产生这种经验的处所究竟存在于田野还是存在于"调查者"心中。这样说绝不是故意绕口,因为我发现,在当下,当个案式的田野报告正在成为一种时尚表达的情况下,一些个案研究其实只是徒具田野之名,却无田野之实。在这些研究里,理论到处都是,经验却无以现身,所谓田野,恐怕只是作者书房中那把摇椅的代名词。

写于 2005 年 9 月

何以个案?
—— 农村研究方法杂谈

个案是近年来在农村研究中经常使用的方法,单个的研究者,进入农村后,从研究的可操作和可把握性出发,往往会选择以个案的形式来进行研究。但是,个案研究又是一个经常会受到质疑的方法,个案的代表性在哪里?普遍性又何在?这恐怕是许多人都会问到的问题。如果一般的读者这样问,那还不是很大的问题,隔行如隔山,敷衍一下也就过去了,可一些身体力行的学者在面对质疑时也同样理不直气不壮,好像是技不如人,才去做个案,为别人干些收集材料的粗活。若是这样,那可真就是一个问题了。学人多自负,数年的辛苦与智慧付诸其中,如果就仅仅满足于给别人干粗活,供进一步的理论分析所用,那还不委屈得很?因此,对个案研究做一些方法上的思考,就一直是我想要抽空做的一件事情。

要回答个案研究的代表性和普遍性问题,无外乎从量的研究和质的研究两条路径寻找答案,前者属于科学—实证化的范畴，依此，个案研究即使有意义，其意义也是以个案之量的积累和类型的丰富为前提的，因此，这才有了当年费孝通先生等人从村庄"社区研究"到村庄"类型比较"的转向。但凡对费先生的学术生涯稍有涉猎者，都知道《江村经济》是其社区研究的成功实践，费先生也赖此成名，但就是在这样一部作品中，他仍然不忘以小社区来寄寓大社会，所以，《江村经济》一书的英文名才叫作《中国农民的生活》。可见，费先生在研究"江村"的时候，心里是揣着代表性和普遍性问题的，因为他为学的目的之一，就是了解中国社会。而他和同仁的"云南三村"系列，包括再往后的《生育制度》和《乡土中国》等，显然就已经是要在类型学或类型化上实践其从整体和普遍性的角度来理解中国乡土社会的宏愿了。可见，费先生等一辈人实际上是沿着实证科学的路子来看待小型社区个案研究的价值的，在他们那里，小型社区研究无疑是宏观社会研究的一个基点（顺便要提及，我的师弟贺雪峰大概也同样有此志向，所以他才会从前些年的"转型期乡村社会性质研究"转到现在的"农村区域比较"上来。不过，我尚未有机会向他求教，他的这一转向，究竟是受费先生的启发，还是科学—实证化研究进路所必然要经历的一种深化）。

不过，科学—实证化的研究进路其实并没有解决个案研究的代表性和普遍性问题，因为就算你从一个村庄做到一百个村庄，甚至更多，能否穷尽中国乡村的复杂性呢？凡有过田野经历的人都知道，即便同一地域的村庄，其习俗、风尚乃至语言都可能大相径庭，这种复杂性是长期历史积淀的产物，非单由某一种因素所促成。所以，如果仅仅以空间地域为分类标准，如何是一个尽头？而历史上因人口流动等因素对空间和地域文化完整性的肢解又如何被包容？而如果不考虑空间地域，只以某种跨地域、跨时间的"理想型"向度来分类，不要说这样的"理想型"难以穷尽，单单在调查和分析上就很难确保不同研究者会对同类事物按相同标准来统一操作。除非作量化研究的处理，若想以质的研究的路子来操作，实有难度。我们都知道，质的研究靠的是深度体验与感悟，而体验与感悟本来就与研究者个人的经历、悟性和学养相关，所以，不同学者的不同感悟或相似感悟，是否能够抽离特定的情景，真正被用来做合适的比较研究，并得出有解释效度的结论，实在是一个在方法论上还没有很好解决的问题。所以，实际上我们会看到，只要是在科学—实证化的进路内做个案研究，而又期望以此来探讨代表性和普遍性问题，就必然会遭遇到一个方法论难题。打一个比喻，这就好比有人执意要寻找世界上最矮的山峰，总是可以不断地寻找下去，却又终究不知此山置身于何处。所以，至少迄今为止，希图以个案研究来追求代表性和普遍性的努力都未有成功过的，而且好像也看不到有成功的可能。

问题出在哪里？是出在个案研究的价值，还是出在学者对个案研究价值的定位？其实，只要回忆一下个案研究的学术历史，就不难发现，最初做个案研究者，并未将小型的个案研究置身于整体性和普遍性研究的序列之中去考虑，以现代人类学的标志性人物马林诺夫斯基为例，他研究太平洋的岛民社区，并非就是要向世人提供一个可以代表某个社会的独特性的文本，而只是想借此对不同的社会和行为理论进行反思，因此，在他们那里，代表性和普遍性本身并不是研究者所要首先和特别强调的问题。这些本来都是学术史上的常识，并非需要我来絮絮叨叨，旧事重提，问题只是在于我们学习西学过程中过于功利的现实关怀，加之受科学—实证化研究趋势的影响，才制造出这样一个问题，这个问题曾经困扰了我们的前辈，现在又在继续困扰我们的一些农村研究者。

其实，个案研究从一开始就是另有所图的，个案研究属于学术研究中质的研究方法的范畴，说到底，它最为根本的目的并不在于为科学—实证化研究积累量的和类型学的样本（这也正是在此路径上个案研究始终无法解脱方法论困惑的根本原因），而是要为理解社会的多样性和复杂性提供案例。而多样性和复杂性的探寻恰恰与科学—实证化的简单化、类型学探寻方向相反，如果说后者是为了对复杂事物做简单化、条理化和普遍化的理解（也只有简单化和条理化才可能普遍化和科学化），并依此做出"科学的"和"客观的"分析，那么，前者则恰恰是为了将看似简单、条理和普遍的事物复杂化和独特化，以确立对研究对象"情境性"的解释性理解。以孔飞力的《叫魂》为例，它通过对乾隆时代一个十分普通的剪辫"妖术"案的分析，展示了清王朝盛世背景下的社会焦虑、心理恐惧和政治紧张，从而揭示出盛世之下所潜藏着的危机。半个月前我又读到了景军的《神堂记忆》，那种以一座庙宇的消逝和重建来沟通一个村庄历史与未来的"艺术"（学术）成就也让我心动。类似的作品还可以举出许多，诸如史景迁的《王氏之死》、林耀华的《金翼》等。试想，我们是否有可能在代表性和普遍性的运思模式下去理解这些作品的理论意境呢？进而言之，我们是否有可能将瞬息万变、只此一回、由事件—过程中种种不可预知因素所塑造出的社会世像从根本上纳入一种科学—实证化的分析模式进行处理呢？不可能。相反，只有完全置身于作者为我们所精心编织的种种场景性和情节性的故事描述之中，在对这些故事的理解之中，我们才有可能体悟出作品的真谛,感悟到人生与社会的气象万千,并从中获得相应的学术启迪。

由此可见,人类对于知识的探求从来就存在着两条路径,即寻求条理化的路径和探求复杂性的路径(两个极端的代表分别为自然科学和艺术,而人文社会科学则矗立其间,或偏向于前者,或接近于后者),前者由实证量化分析及逻辑推理所专属,后者则主要是质的展示与研究(包括个案研究)的领地,进入哪个领地,就应该遵循哪个领地的游戏规则与规范标准。因此,衡量个案研究的价值,并不在于要以个案来寻求对于社会之代表性和普遍性的理解,而是要以个案来展示影响一定社会内部之运动变化的因素、张力、机制与逻辑,通过偶然性的揭示来展示被科学—实证化研究所轻易遮蔽和排除掉的随机性对事件—过程的影响。在这两个领域,简单化与复杂性、普遍性与特殊性、超时空与时空的探求,各循其理,各走其道;它们之间不可通约,不可互换,不可相互还原或推演,但却可以互为补充,共同满足人类的"爱智"渴求。

所以,我们应该确立一套评判个案研究之高下、优劣的学术标准,而不是以科学—实证化的标准来套嵌或引导它,这个标准中最不可缺少的几点应该是:个案研究是否有助于我们发现看似简单之事的复杂之理,是否有助于揭示社会变化的偶然性成因,是否有助于分析过程性增量对社会结构及其事件结果的影响,是否有助于被普遍性所笼罩的"地方性知识"对"宏大叙事"的破解和新知识的发现。

其实,这一切在知识哲学的层面上早已经不那么离经叛道,有着理论的支撑。经由语言学的转向所诱导出的哲学转向以及由此而致的知识观的后现代转向已经在提醒我们,所谓普遍性其实也不过是种种地方性知识"碎片"的假象呈现,因此,即使我们不秉持最为极端的后现代立场,也应该知道,"宏大叙事"若要成立(如果不是像那些最极端的后现代主义者所主张的应该被消解的话),也得依循于特定的情景和条件,既如此,所谓总体性研究及对代表性和普遍性知识的追求,与地方性的个案化呈现又有什么本质的区别吗?

好了,我并不想继续往下推理,因为我并不愿持此极端的立场。这倒不是理论上的游移,而是基于对学术生存发展之多样性需求的尊重,为此,总还是需要给代表性、普遍性的追求留下存在的理由和空间。而我所强调的,只是个案研究理应有独立存在的价值与理由,这个价值与理由并非依赖科学—实证化研究而成立,它自有其存在之理。因此,我也希望学者(包括一些做个案研究的学者）自己不要老拿量的标准来规范质的研究，不要以代表性和普遍性来问责个案，那样会南辕北辙，不仅无助于推动个案研究的深入，反倒会损害实证研究已经取得，而且还将继续取得的成就。

写于 2007 年 2 月

何以叙述？
——研究方法杂谈

在近年来的农村研究中，微观个案研究渐呈兴盛之势。究其原因，既有研究者从书斋走向田野，从抽象理论走向经验把握的意识形态转换的背景，更有理论研究之立场、信仰和方法论变化的因素。在这一文本格式的凸显之中，必然要涉及对一个既古老又年轻的表述形式（或者说研究之论说形式）的认识问题，那就是如何认识以"叙述"（narrative）来表达学术研究的关怀，论说学术研究的"理论"。

对此，不同知识背景者有不同的回答，在为科学—实证主义知识观所武装起来的研究者那里，叙述是研究的起点和初级阶段，是研究中呈现材料的过程，是逻辑归纳所必经的阶段，却不代表理论本身，所以，才有了要从树木归依森林、微观归依宏观、小叙事归依"宏大叙事"的逻辑推演的需要。这种方法论上的程序本身无错，因为方法与研究对象相互映照，什么样的认知范式决定什么样的对象呈现，进而决定什么样的理论样态，在科学化实证主义的进路内，从小到大、见微知著、由具象到抽象的归纳与演绎是一个无懈可击的循环，只要坚持这样一种研究的立场，就必然要进入类似的进路。因此，除非换一副看待和探求知识的眼镜（即转换关于什么是理论的信仰和立场），我们就只能在上述的循环中打转。

然而，人类对于知识的想象力却促使我们不能只戴着这样一副单面的眼镜，必须要尝试不同的认知方式。这倒不是为了标新立异，而纯属整理和表达社会实在的需要。以当下的中国农村研究而论，对乡村社会转型过程中种种有悖于制度设计之复杂现象的困惑，促使孙立平等人注意到，单纯把握事物的结构因素很难求解事物发展与运动的结果，从而不能不去关注在特定结构展开过程中国家与农民的互动过程，并去特别强调这一过程本身对结果的影响。孙立平说过，这一转向受到求知实践的影响，那么，它是否也受到某种理论的启示呢？这里暂且不做深究，但自他们感悟出"事件—过程"的研究策略，并力图以此去突破静态的结构性观察的局限时，其实也就有意无意地进入到了对历时态的"时间"的展示之中，因为只有在对时间的展示中，所谓事件—过程的研究策略才可以体现。于是，时间如何展示，即"叙述"的问题——一种类似于历史研究中对事件发生、发展和转折之情节、场景的叙事——便必然要被提上学术书写的实践。在知识哲学的层面上，这其实与上述科学—实证的路数一致，理论与现实同样在相互地呈现与映照。于是，"事件—过程"的研究策略就成了农村研究中一种弥补结构—功能法之不足的重要路径。

"事件—过程"的研究策略无疑引起了新生代学人的青睐，虽然受制于已成霸业的实证科学标准的限制，其实践在现行的学术评价体系中尚不易获得太大的立身空间，但它无疑向人们指出了另一条求知的道路，促使人们去仔细思考过程化因素本身之于事件结果的影响，而更为深层的，则是促使人们去思考叙述之于求知的认识论和本体论意义，而过去这些东西大概是很少进入中国社会研究的法眼的。应星的《大河移民上访的故事》也许称得上是一次成功的实践，诚如孙立平所说："这本书的价值，还不仅仅在于对一次极富中国特色的集体行动的独特逻辑以及其中所蕴含的复杂的农民与国家关系的深入而透彻的分析，更在于作者再现和分析这个'社会事实'的方式。作者所呈现出来的是一种'流动着的社会事实'，一种'实践着的农民与国家的关系'。正是在这里面，人们发现了那些社会之谜的谜底。"（参见应星著《大河移民上访的故事》封底，生活·读书·新知三联书店2001年版）于是，这便再一次印证了知识哲学上的一句老话，有什么样的理论范式便能够看到什么样的社会实在,形式与内容本身本为一体。

之所以如此评价,倒并非是基于对新事物的追捧,甚至也不完全是基于个人知识立场的某种转向(当然,也不能说与此无关,至少它是促使我去重新思考什么是理论和如何表达理论的一个契机),而是受益于对一位我曾经带过的研究生对个案研究之质疑的反思。这位老弟在质疑之时说过一句颇有些意味的话:"知识也许还是老的更好。"这话的意思是在说科学—实证主义的知识立场是老的,是可靠的,而"后现代"是新的,因而也可能是异的、不可靠的、生命短促的和过眼云烟的,而学术研究还是要讲求"宏大叙事"方能显现其价值。闻此言,我知道这是一个见仁见智、不便臧否的话题,但其越老越好的论证方式倒是促使我去探究"叙述"("叙事")的历史。那么,叙述究竟是新近才有的后现代做作,还是古已有之的表言达意的方法?结果,我发现,作为一种认知模式,叙述至少与文明史同样久远,不要说中国的《史记》,还有那些比它更早的知识典籍皆借叙述以立身,就是在被冠以科学之名的西方学术中,叙述也从来就是与分析(为了与叙事相区别,有人称分析为"范式性认知",其特点是倚重逻辑的推理和演绎)相并存的认识和表述知识的法则之一。远的不论,当晚近的西方史学理论提出要将历史研究完全"科学化""数量化"和"结构化"

之时，其后历史研究的实践趋势（乃至历史哲学的探索趋势）却恰恰是在摒弃脱离叙事的理论，呈现出"反理论"的叙事回归。进而言之，即使如社会学（作为一种方法论讨论，也可以延伸到经济学和政治学等学科）也日益呈现出与历史学相融合的走势。这里"历史社会学"中的"历史"二字，不是说要以社会学的视角来讨论历史问题（尽管也存在此种实践），而是说要"历史地"（即"过程化"和"时间性"地）研究社会问题，而要体现这种"历史"的维度，叙述便是不能不用的武器。于是，我发现，在农村研究中让人耳目一新的"事件—过程"分析策略其实有着更为深远和丰厚的知识支撑，叙述也不过只是近一百年才被我们悬置，但却又始终无法丢弃的求知的载具。

知识考古或许能够确定叙述的历史依据，但对于久已浸淫在科学—实证主义文化中的学术研究而言，仍然有一个疑惑是必须要回答的，那就是没有分析，何以理论？进而言之，理论为何物？这细说起来是一个相当复杂的哲学和语言学问题，远非一篇札记所能承载，但如果不展开分析，三言两语大体上还是可以做出最为简明的回答。那就是，所谓理论即论理，论万事万物何以如此之理。理有不同的论法，可以是逻辑推演似的，即我们习惯上所说的分析，也可以是通过事件本身的发展变化来展示的，即叙事。这两种论理的方式不同，功能和目的却一样。以叙述而论，何以叙事，如何叙事，其实本身就已经隐含了叙述者对叙述对象进行组织、分析和表达的诉求，这些诉求总是受到特定理论"后台"的操控，这个"后台"，在海登·怀特那里叫作"隐喻"，在更为前卫的后现代"叙事学"家那里，则等同于组织和解释叙述对象的角度、立场和方法。也就是说，叙述不仅组织对象，更组织关于对象的认知，因此它实际上是在再构对象，再构中所融入的叙述者关于叙述对象的认知立场和观点最终将决定对象的意义。因此，叙述看似指向对象的过程，分析看似指向对象的逻辑，其实两者皆为一种特殊的理论解释，而对过程的呈现之时也即是对其逻辑的展示之时。即如有人所言，如果一个故事中在前的事件对后续事件不具有重要性，那它就不属于这个故事。因此，作为叙述的解释与一般"学理分析"意义上的解释可能有类别和复杂性上的差异，却无价值和功用上的高下，在认知过程中究竟取叙述还是分析，既取决于主体对对象的理解方式，也取决于具体求知实践所要达致的目的。

复杂的道理就不多讲了，只要对现代语言学有一些常识性了解的人都知道，一切的意识说到底都是语言的运思，认识、表述和理解与其说是在呈现和探究客体（包括作为客体而存在的主体），不如说是在探究语言自身的种种关系，而叙事和分析其实也都是运思语言的不同形式,属于抽离对象后"语言游戏"的范畴,是表述和理解事物(不如说是语言)何以可能和何以构成意义的方式。由此,一切的话语便皆成"理论"了。如果一定要寻求叙述与分析的差异,那么,它无非是一种更加隐蔽的分析,一种以过程、情节和场景"自然而然"地编排和展示来(其实同样经过人为的精心安排和选择)进行的分析。所以,在当代叙事学看来,从来就没有能够脱离叙事而存在的分析,反过来,也不可能有脱离分析而存在的叙事,叙事即是在解释事件本身,而一个好的叙事即是尽可能少插入介入性理论,只让事件流程自身来展示结果何以如此的好的解释。所以,也许有叙事的好坏与分析的高下,但却无叙述中经验与理论的对立。更加直白地说,叙事不仅仅是为一般人所理解的分析前奏,它本身即为分析手段,是一种有助于克服逻辑—实证化言说形式之弊端的书写实践,尽管这一实践本身还存在诸多需要进一步探究的复杂形态。

我这样说,并非是要以叙述来否定已成经典的逻辑—实证化言语方式的价值,而只是要为农村研究中的叙事实践正名。应该说,从整个人类知识进步的历史来看,这种正名本身已经内含着对某种求知范式之霸权优势的无奈,不过,对于当下的农村研究来说,即使无奈,也必须有人要来做这样的工作。诚

研究杂感

如一些研究者所已经注意到的，一方面是万般复杂的乡村社会、万般复杂的制度与行为规则的分离，另一方面是高度精致化与结构化，因而略显解释乏力的学理，两者的不对接已经构成对深度理解转型期乡村社会发展与特性的障碍，构成本有机会超越，却又作茧自缚的理论禁锢。而场景化和过程性的研究可能恰是消除这一障碍的有效途径。那么，我们又为何不可以去大胆地实践呢？在课堂上，我经常以自认为还算说得过去的田野经验告诉学生，拿起叙述的武器，去观照结构化分析可能无能为力的田野，去再构和理解我们的发现，尽管这种再构和理解也会存在弱点，但又有哪一种研究路径和方法没有弱点呢？对于当下中国乡村社会的深度理解而言，也许叙述有着更为强大的功能呢！

科学—实证主义的分析、归纳和演绎有其适用范围，对于复杂事件和过程的叙事也存在独立实践的空间，在这个空间里，叙事不是为了去证明树木之需要归依于森林，水滴之需要归依于海洋，而是为了说明树木何以成为树木，而水滴又何以成为水滴，这从来就是一条虽然无法通约，但与逻辑分析并行不悖，又能互为补充的求知之路。

写于 2007 年 2 月